Vertrauen schaffen

Renate Daniel / Johanna Haberer / Christiane Neuen (Hg.)

Vertrauen schaffen

Von Verunsicherung, Verrat und Verbundenheit

Mit einem Vorwort von Konstantin Rößler
und Beiträgen von Renate Daniel, Walter Homolka,
Elisabeth Kauder, Matthias Morgenroth, Armin Nassehi,
Maike Schult, Fulbert Steffensky, Wolfgang Teichert

Patmos Verlag

Veröffentlichungen der Internationalen Gesellschaft
für Tiefenpsychologie e.V. Stuttgart
Geschäftsstelle: Postfach 701080, D-81310 München

Diesen Band erhalten die Mitglieder der Gesellschaft als Dokumentation über ihre
Arbeit. Der Gesellschaft gehören als Mitglieder an: Ärztinnen und Ärzte,
Seelsorgerinnen und Seelsorger, Psychotherapeutinnen und Psychotherapeuten,
Psychagoginnen und Psychagogen, Psychologinnen und Psychologen, Pädagoginnen
und Pädagogen, Juristinnen und Juristen, Sozialarbeiterinnen und Sozialarbeiter, im
Heilberuf Tätige. Das Thema der Jahrestagung 2020 war »Vertrauen schaffen. Von
Verunsicherung, Verrat und Verbundenheit«. Die Vorträge wurden durch Kurse und
Gruppenarbeit vertieft und ergänzt.

Für die Verlagsgruppe Patmos ist Nachhaltigkeit ein wichtiger Maßstab ihres Handelns.
Wir achten daher auf den Einsatz umweltschonender Ressourcen und Materialien.

Bibliografische Information der Deutschen Nationalbibliothek
Die Deutsche Nationalbibliothek verzeichnet diese Publikation in der
Deutschen Nationalbibliografie; detaillierte bibliografische Daten sind
im Internet über http://dnb.d-nb.de abrufbar.

Umschlaggestaltung: Finken & Bumiller, Stuttgart
Umschlagabbildung: © Hannah Busing / Unsplash
Druck: CPI books GmbH, Leck
Hergestellt in Deutschland
ISBN 978-3-8436-1342-2

Inhalt

Anhang

Vorwort

Vertrauen wächst langsam – und schnell wird es zerstört. Zu vertrauen bedeutet ein Risiko, und es beinhaltet stets ein Wagnis. Aber warum gehen wir ein solches Wagnis überhaupt ein? Die Antwort lautet: Vertrauen mindert Angst. Es ist die Basis all unserer Beziehungen, ganz besonders unserer persönlichen, aber auch der gesellschaftlichen und wirtschaftlichen, und nicht zuletzt die Basis für die Beziehungen von Staaten untereinander. Wie wichtig Vertrauen für das Gelingen von Beziehungen ist, erleben wir vor allem dann, wenn es brüchig wird oder fehlt, oder darin, wie sicher und geborgen wir uns fühlen, wenn wir zu Recht vertrauen können.

Gerade in der aktuellen Zeit heißt es, in der Pandemie werde unser Vertrauen auf die Probe gestellt und Vertrauen sei jetzt die wichtigste Währung überhaupt. Aber das Vertrauen worauf? Auf uns selbst und unsere robuste Gesundheit, dass wir schon nicht krank werden? Auf die anderen, dass sie die Regeln einhalten? Auf das Gesundheitswesen, die Regierungen und die Wissenschaft, dass sie die richtigen Entscheidungen treffen werden? Darauf, dass sich alles zum Guten wendet oder dass das Geschehen zumindest einen Sinn enthalten möge? Heißt Vertrauen also, dass wir uns zurücklehnen und hoffen, es werde schon gut ausgehen?

Oder sind nicht doch immer wieder auch Zweifel und ein gesundes Misstrauen berechtigt? Wachsamkeit und Eigenverantwortung, um nicht in Situationen zu geraten, die eine Ansteckung mit sich bringen könnten. Nicht blind darauf zu vertrauen, dass die anderen die Regeln einhalten. Eine kritische Haltung, ob die großen Entscheidungen, die von oben getroffen werden, immer alle richtig sind.

An diesem Hin und Her und diesem Abwägen wird schon deutlich, mit welch paradoxer Spannung wir es zu tun haben, wenn es um Vertrauen geht. Die Aufgabe, Vertrauen zu schaffen, sieht sich stets mit so gegensätzlichen Aspekten wie Verunsicherung, Verrat und Verbundenheit konfrontiert.

Die richtige Vertrauensbalance ist daher eine Grundbedingung seelischer Gesundheit, sei es als Urvertrauen, Selbstvertrauen oder Gottvertrauen. Was geschieht, wenn diese Grundbedingungen des Seins enttäuscht oder verraten werden oder wenn in traumatisierenden Erfahrungen gar das Vertrauen in die Welt verloren geht? Das erleben wir in psychotherapeutischen Behandlungen, in seelsorgerischen Situationen und in vielen sozialen Berufen besonders in dieser Zeit ganz hautnah. Es gibt kaum einen Beziehungskonflikt, in dem es nicht auch gerade um diese Frage geht. Und schließlich gilt der Faktor Vertrauen in der Therapieforschung als eines der zentralen Kriterien für das Gelingen von psychotherapeutischen Behandlungen.

Mit seinem interdisziplinären Ansatz und seinen ganz unterschiedlichen Texten aus tiefenpsychologischer, christlich- und jüdisch-theologischer und soziologischer Perspektive liefert dieser Band einen Beitrag dazu, ein Gleichgewicht zwischen den so gegensätzlichen Aspekten des Vertrauens herzustellen.

Konstantin Rößler

WOLFGANG TEICHERT

Judas' Schatten

Verrat als Initiation ins Vertrauen

1. Einleitung

Wir leben in merkwürdigen Zeiten. Analoge Begegnungen zur selben Zeit im selben Raum, körperlich anwesend zu sein in Lindau,
sind uns nicht vergönnt. »Und wenn die Welt voll Viren wär […]«,
könnte man das gestrige Reformationslied abgewandelt singen, »so
fürchten wir uns nicht so sehr, es soll uns doch gelingen«. Am heutigen Tag, Allerheiligen, gedenkt die Kirche hierzulande der »Heiligen«. Dazu zählen auch solche, die nicht offiziell heiliggespro-
chen worden und auf keinem Kalender der Kirche verzeichnet sind!
Kurz gesagt: Man gedenkt auch jener Menschen, deren Heiligkeit
unbekannt ist (und von der nur »Gott« weiß). Auch Judas?

Auf alten Heiligenbildern trägt er eine schwarze statt einer goldenen Gloriole. Und mich hat bereits vor dreißig Jahren zur Zeit
der Wende stutzig gemacht, dass in einer Vertrauensreligion wie
der jüdisch-christlichen so viele Verratsgeschichten auftauchen.

Wie ist das möglich? Haben Verrat und Vertrauen mehr miteinander zu tun, als uns lieb ist? Auf jeden Fall weiß ich, dass kaum
eine Verletzung mehr wehtut, zu fürchten ist und auch traumati-
siert als Verrat – gerade in Vertrauensbeziehungen. Dabei gilt die
Aufmerksamkeit meistens dem oder der Verratenen. Die Verlas-
sene, Betrogene oder – etwas schwächer – der Getäuschte und Verratene erhält unsere Zuwendung und unser Verständnis. Liebesverrat schafft Solidarität mit den Betroffenen.

> Es ist eine alte Geschichte,
> Doch bleibt sie immer neu;

Und wem sie just passieret,
Dem bricht das Herz entzwei.
(Heine 1975, S. 88)

Schlimmer aber und kaum auszuhalten ist jedoch jener Verrat, der andere ans Messer und den Tod »ausliefert«.[1]

Denunziation ist ein verabscheuungswürdiges Verhalten. Nehme ich die Geschichte des norwegischen Politikers und Kollaborateurs Quisling oder der Verräter und Verräterinnen während des Faschismus – und das geschieht erinnernd in diesen Tagen wieder –, dann möchte ich mich abwenden. Ich kann diese Erzählungen nur schwer einfach zur Kenntnis nehmen und muss sie verurteilen. Es gibt Abstufungen dessen, was ich aushalte oder bei mir selbst entdecken mag. Und ganz bestimmt muss man den Verrat der Liebe oder den Verrat aus Liebe vom politischen und ideologischen Verrat unterscheiden. Man muss auch die jeweiligen Bedingungen kennen, unter denen verraten wird. Denn Verrat ist nicht zu allen Zeiten dasselbe: Was gestern noch Tugend war, kann heute Verrat sein.

Aber ich möchte die Verletzung von Vertrauen durch Verrat – auf welchen Ebenen sie auch immer geschieht – nicht verharmlosen. Sie ist grausam, weil sie oft dort geschieht, wo wir am verletzlichsten sind, nämlich dort, wo wir vertrauen – man könnte sagen: glauben. Gleichwohl verlangt erwachsenes Vertrauen, sich zuzumuten, den verschlungenen Pfaden von Verratenwerden und Verraten zu folgen. Ich konzentriere daher mein Interesse nicht nur auf das Opfer des Verrats, sondern genauso auf den Täter und die Täterin, wohl wissend, dass dies häufig dazu führt, aus Faszination das Opfer weniger zu beachten.

Angeregt wurde ich dazu durch die diesjährige Bachmann-Preisträgerin Helga Schubert (sie ist auch Psychotherapeutin). Sie hatte in der DDR kurz vor der Wende in ihrem Buch *Judasfrauen* (Schubert 1990) zu jenen Frauen hinzudenken versucht, die während der Nazizeit – zu außerordentlichen Bedingungen – Menschen verraten, ausgeliefert und an den Galgen gebracht haben.

Warum hat sie sich mit solchen »Judasfrauen« befasst? Warum mutete sie ihren Leserinnen und Lesern damals zu, nicht nur einen männlichen »Judas« anzusehen, sondern sich auf weibliche einzulassen?

»Ist das nicht gefährlich?«, wurde sie denn auch gleich gefragt. »Du musst dich mit dem Leben dieser Frauen beschäftigen, um sie beschreiben zu können. Am Ende bekommst du noch so etwas wie Verständnis für diese Subjekte. Ein anständiger Mensch hat doch eine natürliche Hemmschwelle und denunziert nicht!« (Schubert 1992, S. 18)

»Ja«, antwortet Helga Schubert, »aber wo liegt der Unterschied zwischen der Frau, die über diese Hemmschwelle springt, und der, die davor stehen bleibt? Könnte ich an ihrer Stelle sein?«

Das ist die wichtige Frage: Könnte ich an ihrer Stelle sein? Denn auch die Verräterinnen und Verräter, die männlichen wie die weiblichen Judasse, sind Kinder von Müttern und Vätern gewesen und haben sich nicht träumen lassen, als Täterinnen und Täter selbst Opfer ihrer Tat zu werden. »Herr, bin ich's?«, hieß das einmal. Und ein so souveräner Mann wie Johann Sebastian Bach lässt den Chor in seiner Matthäuspassion antworten mit dem Choral: »Ich bin's, ich sollte büßen.« Wir könnten es also, wie die Jünger, alle sein, die zu Verrätern werden.

Kann man sich darauf vorbereiten und mit Verratenwerden wie Verraten leben und nicht, wie in der Geschichte, in den Suizid gehen oder morden? Ist einmal gebrochenes Urvertrauen also das Letzte, was zu erleben ist? Sind Misstrauen oder Rache oder Zynismus die einzigen möglichen Resonanzen darauf?

Ich beginne mit einer ziemlich heftigen Geschichte, die James Hillman (1926–2011), der Jung'sche Analytiker, in seinem klassischen Aufsatz zum Verrat erzählt hat (Hillman 1979, S. 81–102). Sie führt auf widersprüchlichste Weise in Thema und These ein. Ich gestehe auch gleich, dass dies Thema einen sehr persönlichen Schmerz getroffen hat beim Tod meiner Tochter (1986), als ich ein junges Leben plötzlich verraten sah vom »Leben selbst« (Gott). Hinzu kamen dann politisch gerade zur Wendezeit vor dreißig

Jahren die vielen Berichte über getäuschtes und verratenes Vertrauen durch die sogenannten »Inoffiziellen Mitarbeiter« (IMs). Das hat ja nicht nur einzelne Menschen getroffen, sondern ein politisches Gemeinwesen. Mich hat es bewogen, darüber nachzudenken, was ich »erwachsenes Vertrauen« nenne. Dazu nun die Geschichte.

Die Legende

Ein jüdischer Vater versuchte, seinem Sohn seine Angst auszutreiben und ihm beizubringen, mehr Mut zu haben, indem er ihn dazu veranlasste, die Treppe hinunterzuspringen. Zunächst stellte er ihn auf die zweite Stufe: »Spring«, sagte er, »ich werde dich auffangen.« Und der Junge sprang. Dann stellte der Vater ihn auf die dritte Stufe und befahl ihm wiederum: »Spring, ich werde dich auffangen.« Obgleich er Angst hatte, vertraute der Junge seinem Vater, gehorchte ihm und sprang in dessen Arme. Dann stellte ihn der Vater auf die nächste und wieder die nächste Stufe, höher und höher, jedes Mal mit den Worten: »Spring, ich werde dich auffangen.« Und jedes Mal wagte der Junge vertrauensvoll den Sprung und wurde von seinem Vater aufgefangen. Schließlich tat der Junge einen Sprung von einer sehr hohen Stufe genau wie vorher, aber dieses Mal trat der Vater einen Schritt zurück, und der Junge fiel lang hin. Als er blutend und weinend wieder aufgestanden war, sagte der Vater zu ihm: »Das soll dir eine Lehre sein: Traue niemals einem Juden, selbst wenn es dein eigener Vater ist.«

Diese Geschichte habe, so Hillman – bei allem fragwürdigen Antisemitismus, der aus ihr spricht –, doch einen tieferen Sinn, zumal es wahrscheinlich eine jüdische Geschichte ist. Sie sagt etwas aus über Verrat, aber damit indirekt eben auch etwas über Vertrauen. Zum Beispiel: Warum muss dem Jungen beigebracht werden, kein Vertrauen zu haben? Und keinem Juden zu trauen? Und seinem Vater nicht zu trauen? Was bedeutet es, von seinem Vater oder sonst einem nahestehenden Menschen verraten zu werden? Was heißt es für einen Vater, für einen Menschen, jemanden, der ihm vertraute, zu verraten? Zu welchem Zweck dient Verrat überhaupt im psychischen Leben? Und vor allem, was bedeutet er im religiösen Kontext? Was ist und wie weit geht und trägt das, was die Theologie »Gottvertrauen« nennt? Denn auch dies wird ja angefragt in der jüdischen Geschichte. Was, wenn man von der göttlichen Seite, wo doch das Vertrauen zu Hause wäre, verraten wird?

Diesen Fragen möchte ich im Interesse eines erwachsenen Vertrauens in fünf Schritten nachgehen, mit der Judasgeschichte als Leitfaden im Labyrinth.

2. Merkwürdige Entdeckung

In einer kleinen hessischen Kirche hängt das Bild eines unbekannten Malers aus dem 14. Jahrhundert. Es zeigt Jesus und Judas während der berühmten Kuss-Szene. Merkwürdig ist, dass Jesus und Judas im Gegensatz zu Petrus (rot) und Johannes (grün) – im Schwarz-Weiß-Druck beide in Dunkelgrau – in dasselbe Gewand gehüllt sind. Sie sind sozusagen aus oder in demselben Stoff: Erlöser und Verräter unter einer Decke. Das wäre eine mögliche, wenn auch ungewöhnliche Botschaft dieses frühgotischen Malers in der Altstädter Kirche zu Hofgeismar.

Erlöser und Verräter als Zwillingsbrüder? Das klingt zumindest ungewöhnlich. Vertrauen und Verrat so nahe beieinander? Ein schmerzlicher Gedanke für alle, die – wie die Religion – ganz und gar auf Vertrauen und Glauben setzen.

Verratener und Verräter stecken unter einer Decke? Ungeheuerlich, dachte ich damals. Zumal bis heute »Judas« als Vorname in Deutschland verboten ist. Kein Kind darf so genannt und auf den Vornamen Judas getauft werden. Das deutsche Namensgebungsgesetz verbietet dies zum Schutze des Kindeswohls. Doch schafft es der Name weiterhin auf Buchcover, wenn von Denunziation die Rede ist, etwa die Denunziation von Juden durch Frauen im Dritten Reich oder von Denunziantinnen und Denunzianten in der ehemaligen DDR.

Abb. 1: Altstädter Kirche, Hofgeismar, 14. Jahrhundert: Gefangennahme Christi, Hofgeismarer Passionsretabel – linker Flügel (Ausschnitt)

Aber auch das gibt es: Der Schauspieler Ben Becker lockte 2018 mit seinem Soloauftritt »Judas«, der sich an einen Text von Walter Jens (1975) anlehnt, über 1300 Zuschauerinnen und Zuschauer in den Hamburger Michel und wurde mit stehenden Ovationen gefeiert. Die Figur fasziniert offenbar. Die Akten sind nicht geschlossen. Judas und Jesus, Verrat und Vertrauen, sind traditionell scharfe Gegensätze. Entweder man vertraut oder man verrät. Aber unser Bild zeigt klar: Jesus und Judas haben mehr miteinander zu tun, als man gemeinhin annimmt.

Nur kurz zur Erinnerung, denn der historische Befund über Judas ist mager: Er gehörte bis kurz vor dem Tod Jesu zum Zwölferkreis der Apostel; durch sein Handeln trug er dazu bei, dass Jesus zu Tode kam; danach ist er nicht mehr unter den Anhängern Jesu zu finden. Das Markus-Evangelium (14,21) erkennt in Judas zunächst ein Werkzeug dafür, damit die Geschichte letztlich ihren guten Gang nehmen kann (Heilsgeschichte), ohne damit sein Verhalten zu rechtfertigen. Bleiben bei Markus fast alle Judas betreffenden Fragen offen, so überwiegen in den späteren Evangelien antijüdische Klischees wie Habgier, Abfall vom Glauben, moralischer

Abb. 2: Leonardo da Vinci: Das Abendmahl (Ausschnitt Judas, Petrus und Johannes)

Verfall und Heuchelei, die das Judas-Bild immer mehr einschwärzen. Diese Negativbilanz gipfelt in den Feststellungen, Judas habe sich selbst gerichtet (Matthäus 27,5) und der Teufel habe von ihm Besitz ergriffen (Lukas 22,3). Die Tendenz, Judas als Inbegriff der nicht an Jesus glaubenden Juden auszuweisen, ist in den neutestamentlichen Schriften jedenfalls vorgezeichnet.

Noch einmal: Judas und Jesus, Verrat und Vertrauen in größter Nähe? Eine Legende von Leonardo da Vinci, der das berühmte Abendmahl an die Refektoriumswand des Mailänder Dominikanerklosters Santa Maria delle Grazie gemalt hat, berichtet: Jesus (junger schöner Mann) und Judas (inzwischen gealtert und verwahrlost) sind derselbe Mann. Hier aber interessiert nicht die Rekonstruktion der Historie, sondern die Atmosphäre von Orten, Situationen, typischen Motiven, in denen in der Judas-Geschichte Verrat situiert ist.

3. Verrat beim Essen

Die Verratsgeschichte bekommt, wie bekannt, beim Abendmahl, also beim Essen, ihren ersten dramatischen Höhepunkt. Essen und Verraten gelangen in seltsame Nähe. Vertilgen und Verraten gehören schon im Wort zusammen, denn vertilgen erinnert an auslöschen. Aber was verrate ich eigentlich, wenn ich vertilge und wenn ich die älteste und vielleicht wahrhaftigste Sprache spreche, die Sprache des Mundes? Ich esse doch nur, damit ich bin. Doch indem ich esse und meinen Hunger »stille«, bin ich zugleich immer auch Vernichter von Leben. Damit wir unser Leben erhalten, müssen Pflanzen und Tiere sterben. Ältere Kulturen mögen noch gewusst haben, dass sie sich schuldig machen, wenn sie ein Tier töten, einen Baum fällen oder eine Pflanze abreißen. Sie wussten also, dass ihr Essen und Vertilgen auch Verrat an anderem Leben ist. Sie ahnten, um es mit einer Formel Albert Schweitzers zu sagen, dass sie leben wollen und müssen inmitten von Leben, das leben will.[2] Bei Schweitzer führte diese Einsicht zu einer Ethik des Respekts

16

und der Ehrfurcht vor dem Leben.[3] Zugleich bleibt auch bei ihm das eben beschriebene Verrats- und Schulddilemma.

Es kommt zu diesem Dilemma des Verrats beim Essen noch ein ganz anderes hinzu: Nicht nur wir vertilgen und verraten in diesem Sinne anderes Leben, das uns als Speise dient, sondern wir können auch selbst durch das, was wir essen, verraten werden. Denn wissen wir immer, was wir uns da gerade einverleiben? »Statt Lebenslust mit der Vorzugsmilch einzuschlürfen«, schreibt Stefan Hardt, »horchen wir, ob der Tod darin nicht sein geschmackloses Wesen treibt« (Hardt 1987, S. 12). Das heißt: Bei jedem Bissen können unser Körper, unsere Vitalität und unsere Gesundheit verletzt und somit verraten werden. Denn unser Körper bindet sich durch Essen vertrauensvoll an die Umwelt. Wenn aber die Nahrung verseucht ist, dann ist das Lebensmittel zum Todesmittel geworden. Eigentlich müsste man sich des Essens enthalten. Da das aber nicht geht – es sei denn, man verhungert –, muss man notgedrungen Nahrung zu sich nehmen und essen. Und das kann, wie wir heute wieder sehen, ein Risiko sein. Das Lebenserhaltende kann lebensgefährlich sein.

Wie sind diese Verratsdilemmata beim Essen auszuhalten und zu gestalten? Hier kommt ein altes Ritual ins Spiel. Um die Verratskonflikte auszuhalten oder sogar zu gestalten, hielt die Religion traditionell eine rituelle Verdoppelung bereit: zum normalen Mahl das religiöse Mahl, zur Mahlzeit das Abendmahl. Könnte diese Verdoppelung, dies Nebeneinander von gemeinschaftsbildendem Mahl und gemeinschaftszerstörendem Verrat das Besondere jener Mahlzeit sein, die man »last supper«, letztes Mahl, nennt? Warum eine solche Verdoppelung? Weil es Rituale braucht, die den Zusammenhang von Essen und Verrat transparent machen und in Erinnerung halten! Das klingt heute sehr archaisch und es gibt deshalb auch eher ein Zurückzucken vor dieser Transparenz auf die tragische Seite des Essens hin.

Was also soll transparent gemacht werden? Die kannibalistische Seite allen Essens! Aber eben dies Essen, rituell oder performativ begangen, kann auch die unmögliche Möglichkeit bieten, dies Geschen rituell auszuhalten und sogar zu begehen. Der kannibalistische Akt ist nichts anderes als der Versuch, sich symbolisch an die Stelle des Vorbilds zu setzen. Wenn ich mir jemanden zum Vorbild nehme, dann tue ich auf symbolischer Ebene das, was Kannibalen auf physischer Ebene tun: Ich verleibe mir einen Teil von meinem Vorbild ein, weil ich es verehre und mich ihm angleichen möchte. Worin liegt dann aber bei diesem Anteilnehmen der Verrat? Der Kannibale tötet sein Gegenüber. Das Abendmahl macht es symbolischer: Es gewinnt Anteil an dem, dessen Leib und Blut in Gestalt von Brot und Wein im Ritual zu sich genommen werden.

Dann wäre das Besondere dieser Mahlzeit tatsächlich nicht nur seine oft betonte gemeinschaftsstiftende und -darstellende Kraft. Dann wäre das Besondere mehr: Das Abendmahl verträgt sogar noch jene Kraft am Tisch, die die Gemeinschaft zu sprengen und zu verraten droht. Der Verrat ist bei diesem Essen bewusst gegenwärtig und eben nicht verleugnet und von vornherein ausgeschlossen.

4. Verraten und Verkaufen

Die Verratsgeschichte des Judas führt dann sozusagen vom Oralen zum Analen. Was immer wir über Geld und seine Beziehung zum Verrat sagen, ist – wie wir bereits auf einer Lindauer Tagung (2016) gesehen haben – geprägt von der jeweiligen Geisteshaltung einer Kultur. In der europäischen hat man häufig ein gestörtes Verhältnis, angedeutet bereits im sonst eher wunderschönen Gesichte des Johannes-Evangeliums. Es fällt auf, wie im vierten Evangelium Judas in besonders scharfem Gegensatz zur sich verschwendenden salbenden Frau gezeichnet ist. Ich zitiere wörtlich:

Sechs Tage vor dem Passafest kam Jesus nach Bethanien, wo Lazarus war, den Jesus auferweckt hatte von den Toten. Dort machten sie ihm ein Mahl, und Marta diente bei Tisch; Lazarus aber war einer von denen, die mit ihm zu Tisch saßen.

Da nahm Maria ein Pfund Salböl von unverfälschter, kostbarer Narde und salbte die Füße Jesu und trocknete mit ihrem Haar seine Füße; das Haus aber wurde erfüllt vom Duft des Öls. Da sprach einer seiner Jünger, Judas Iskariot, der ihn hernach verriet: Warum wurde dieses Öl nicht für dreihundert Silbergroschen verkauft und das Geld den Armen gegeben? Das sagte er aber nicht, weil ihm an den Armen lag, sondern er war ein Dieb; er hatte den Geldbeutel und nahm an sich, was gegeben wurde (Joh 12,1–8).

Geld gilt als geeigneter Projektionsträger: Hier muss Judas im Gegensatz zur Verschwendung der Maria als Dieb und Verräter herhalten. Das hat Tradition. Denn seit der Geschichte des Goldenen Kalbs – das eigentlich ein Stier und Fruchtbarkeitssymbol gewesen ist –, dient Geld dazu, als Mammon verteufelt zu werden!. Bis hin zu jener Geschichte, in der die Geldwechsler aus dem Tempel geworfen werden, samt Schafen und Ochsen, wie es heißt, also die Tiere gleich mit. (Mit dem Ausschluss der Tiere übrigens verliert Geld seine vitalen und imaginativen Möglichkeiten. Man zieht sozusagen das Leben aus dem Geld.) Und mit dem Ausspruch »Gib dem Kaiser, was des Kaisers, und Gott, was Gottes ist« spaltet man in Gottes Bereich und des Kaisers Bereich. Judas gehört natürlich auf des Kaisers Seite, nach dem Motto: Wer ein Verräter ist, der gönnt auch andern nichts. Darum Dieb und Geizhals.

Schließlich eine weitere Geldgeschichte aus diesem Umkreis: Judas hat sich mit dem berühmtesten Betrag auszahlen lassen, der je an einem Donnerstag fällig wurde: dem Judas-Lohn. Die »30 Silberlinge«, die die Bibel benennt, hören sich fast geringschätzig an. Zu Recht, bei einem verkauften Leben. Aber war es wirklich wenig Geld? Vage Hinweise finden wir: Mit dem Geld kauften die religiösen Autoritäten, die Hohepriester, später, als Judas sich selbst gerichtet hatte, einen Töpferacker, wohl eine Tongrube. Aber was heißt das schon? Geldhistoriker tun sich jedenfalls schwer, die Kaufkraft zu analysieren, gemessen etwa am altrömischen Warenkorb. Sie sind dann auf den Gegenwert eines Esels gekommen, heute würde man wohl den Gegenwert eines Autos schätzen, ca. 30.000 Euro. Auf jeden Fall – und so ist das auch gemeint – soll die Schäbigkeit betont sein, für die hier ein Mensch ausgeliefert worden ist.

In einem negativeren Licht können Geld und Verrat eigentlich nicht stehen. Und so finden wir immer wieder, auch in der Therapie, einen tief verwurzelten Widerstand gegen die Erforschung unseres verborgenen Umgangs mit Geld. Geld bleibt in der Regel ein blinder Fleck psychoanalytischer Selbstbeobachtung, sowohl des Analysanden als auch des Analytikers (Hörisch 2009, S. 94f.). Wenn man aber das Geld allein auf den Judas-Menschen abspaltet, schneidet man sich ab von einer fantasievollen und imaginativen Kultur des Geldes. Man täte also gut daran, symbolisch gesprochen, Judas wieder in seine Rechte als Kassenverwalter einzusetzen. Man müsste dann nicht mehr alle als schlecht geltenden Verhaltensweisen wie Habgier und Geiz auf Judas oder gar »den Juden« projizieren, wie das ja auch in der Kunst Tradition hat.

So beispielsweise auf dem berühmten Abendmahlgemälde von Lucas Cranach dem Jüngeren: Judas mit Spitzbart und Geldbeutel, geldgierig und verkommen, während die anderen Jünger, in denen unschwer die damals bedeutenden Reformatoren zu erkennen sind, dem Herrn viel näher sind.

Noch einmal zurück zur Verschwendungsgeschichte, der Salbungsgeschichte mit dem Öl: Dort eben ist Geld nicht eingeschränkt auf rein quantitative Bereiche. Geld bindet sich hier an seine duftenden und verschwenderischen Möglichkeiten. Die Frau verschwendet das für teures Geld gekaufte Salböl. Nicht Lebensversicherung betreibt sie mit dem Geld, sondern Lebensverschwendung. Schade, dass das Johannes-Evangelium diese Verschwendung nur auf der Folie des als dunkel, diebisch und geizig geschilderten Judas meint feiern zu können. Seine Rehabilitation wäre zugleich die Rehabilitation der imaginativen Möglichkeiten des Geldes; gerade auch in der Religion. Denn vielleicht hat die gegenwärtige »Alleinherrschaft« eines nur mühsam sozial gebremsten Kapitals im Wirtschaftssystem auch mit der Abspaltung und

*Abb. 3: Judas mit Spitzbart, den Geldbeutel versteckt im Rücken. Ausschnitt aus:
Lucas Cranach d. J.: Das Abendmahl (1565), Epitaph für Joachim I. von Anhalt,
St. Johannis-Kirche, Dessau. Der Mundschenk rechts vorne im Bild gilt als Selbst-
bildnis Lucas Cranachs d. J.*

Verachtung des Geldes zu tun. Man braucht es ja nicht anzube-
ten – das nicht –, aber ihm Aufmerksamkeit schenken für seine
imaginativen Möglichkeiten, das können wir.

5. Liebesverrat oder der Judaskuss

Nach den oralen und analen Seiten der Verratsmöglichkeiten folgt
der dramatische Höhepunkt mit der erotisch-sexuellen Seite: der
Judaskuss. Auffällig ist in den Kontexten zu dieser Szene, dass
sie umgeben ist von Bildern des Füßewaschens, des Bechers, des
Schweißes, des abgeschlagenen Ohrs, des Traums der Pilatus-Frau,
der Nacktheit und der Wunde, sozusagen animakonnotiert.

Warum diese Animakonnotierung im Umkreis der Verratsgeschichte? Es ist, als dränge sich Liebe heran, um der Verletzung

Abb. 4: Giotto di Bondone: Die Gefangennahme Christi (um 1303/1305), Arena-kapelle, Padua. Judaskuss – ein Liebeszeichen?

durch Verrat nicht allein den Platz zu überlassen. So merkwürdig das klingt: Wo ich verrate oder wo ich verraten werde, gerade dort soll Liebe auftreten und wirksam werden, auch wenn wir zunächst nur Verletzung und Scham wahrnehmen können? Dieser Kuss ist – so die These – das Liebeszeichen schlechthin, auch wenn man das selten so gesehen hat. Denn »Judaskuss« steht umgangssprachlich eher für eine ganz und gar unerotische Mission nach dem Motto: Die schwärzeste Tat bedient sich des Zeichens der Liebe. So hat der Evangelist Lukas später diesen Kuss dann auch deuten wollen, als besondere Schändlichkeit. Er lässt Jesus sagen: »Judas, mit einem Kuss verrätst du den Menschensohn?« Eine der schönsten und in-timsten Formen menschlicher Annäherung soll hier Verrat sein – folgt man der Interpretation des Lukas.

Andere Interpreten wollen den Kuss schnell entdramatisieren. Sie deuten ihn als übliches Begrüßungsritual zwischen Meister und Schüler. Das mag historisch so gewesen sein. Aber in dieser Szene spürt man geradezu – und viele Künstler haben das sofort bemerkt –, dass dieser Kuss immens aufgeladen ist: Höhepunkt des gesamten Dramas, das sich zwischen Liebendem und Gelieb-tem ereignet.

Und wie wäre es, wenn Judas' Kuss das ist, was auch sonst Küsse sein können? Ein Liebeszeichen?[4] Das würde unsere Aufmerksamkeit ganz im Sinn des Hofgeismarer Bildes auf die, wie Freud sagen würde, libidinöse Judas-Christus-Beziehung lenken. Und es würde diese Beziehung eben nicht von vornherein als feindlich ansehen. Anmerkung: Wir sind bei der Deutung des Kusses übrigens im Kern des christlichen Antisemitismus. Der sieht nämlich im sprichwörtlichen Judaskuss ausschließlich einen Verrat und damit einen absoluten Gegensatz zu Jesus und zum Vertrauen. Dabei wissen wir doch inzwischen, dass jeglicher Antisemitismus eine Projektion von Aggression ist, die man im eigenen Lager nicht haben darf. In diesem Fall also eine Aggression gegen Christus selbst?

Wie ist das zu verstehen? Wieso sollten Christen etwas gegen Jesus haben? Das scheint ein absurder Gedanke zu sein: eine ambivalente Haltung zum Erlöser? An der (moralischen) Vollkommenheit des Menschen Jesus zu rütteln, bleibt ein Tabu. Warum? Weil man sonst keinen Halt mehr findet, von dem aus so etwas wie Erlösung möglich ist. Aber dieses Tabu, dass Jesus moralisch einwandfrei und nicht ambivalent sei, war auch immer ein wirksames Mittel, sich gegen Wandlungen im Selbst- und im Gottesbild zu wehren. Die Möglichkeit einer dunklen, noch unfertigen und gar unbewussten Seite im Menschen Jesus zieht man nur ungern in Betracht. Denn dann könnte der Urgrund des Lebens – so die Angst – ganz und gar nur aus Verlassensein und Verrat bestehen. Das Urvertrauen in diese Person wäre gebrochen und seinerseits verraten. Aber genau das ist hier zu riskieren. Es gibt keine Wahl: Wir sind, wie er, dem Verrat ausgesetzt, aktiv oder passiv, handelnd oder erleidend. Das gilt für unsere Biografie ebenso wie fürs Gottes- und Christusbild.

Vielleicht ist die Verratsgeschichte des Judas jene prekäre Zumutung, wo das bisherige, an der Mutter orientierte Urvertrauen sich wandeln muss: Ich habe von nun an mit gebrochenem und enttäuschtem Vertrauen zu leben. Das wäre – bezogen auf das Gottesbild – zugleich eine Wandlung von jenem heiteren, kuscheligen und wohl auch naiven Bild zu einem wissenden, ja tragischen. Deswegen gehört der bisher ganz als Antityp empfundene Judas in Jesu Nähe. Der Verräter des Erlösers kann erwachsen machen, weil er Schutz und Sicherheit vor Verrat zunichtemacht. Anders gesagt: Er setzt uns dem Risiko des »Existierens« aus und nimmt uns die Krücken vermeintlicher Sicherheit.

Geschichten des Liebesverrats machen nicht nur die Weltliteratur aus. Man kann annehmen, dass sie auch unsere Herzen und Gedanken besetzen: Bleibe ich treu und verrate unter Umständen meine Lebendigkeit, meinen Trieb und mein Leben, oder verrate ich die, die ich liebe, und bleibe mir selbst treu? So oder ähnlich lauten die Konstellationen bereits im Persönlichen. Und im Politischen: Engagiere ich mich beispielsweise für größtmögliche Transparenz und verrate Machenschaften, die gern geheim blieben, oder halte ich mich an Geheimhaltung von Informationen im Interesse von Politik und Gruppen? »Normenkonflikt« nennt das eine kühle soziologische Sprache.

Wenn solche Dilemmata unter veränderten Bedingungen und mit veränderten Figurenkonstellationen auch immer anders aussehen – es finden sich darin Verletzungen, Tränen und neue Enttäuschung am Wegesrand von Verrat.[5] Die Arbeit über den Verrat aus Liebe oder den Verrat für die Liebe ist deswegen stets ein Risiko. So ist das Leben und so zeigt es die Verratsgeschichte. Von Judas aus gesehen war der Kuss – so die These – ein Liebeserweis. Er wollte Jesus retten, retten vor sich selbst, den Jüngern, dem Volk und schließlich auch vor dem, den Jesus als seinen »Vater« glaubte. Dazu lieferte Judas Jesus im guten Glauben an die religiösen und politischen Autoritäten aus. Er wollte dem dreifachen Scheitern Jesu vorbeugen: dem Scheitern beim Volk, bei seinen Freunden, bei seinem »Vater«. Also küsste er ihn!

Für die Vertrauensseite, also für Jesus, sieht der Kuss aber anders aus! Weil er sich in einer anderen Lebenssituation befindet. Für ihn, den Kenner der Tradition, bedeutet der Kuss neben dem Liebeserweis eine Art ahnungsvolles Erkennen. Es gibt nämlich in der jüdischen Tradition das Motiv des »Mith bi-Nschika«, des Todes im Kuss (Ben-Chorin 1977, S. 153). Der Gerechte stirbt nach jüdisch-haggadischer Vorstellung in einem Kuss, wie einst dem sterbenden Moses auf dem Berg die Lebensseele weggeküsst wurde. Jesus bekommt im Kuss den Hinweis auf sein eigenes Ende. Nicht für die Häscher ist der Kuss das Zeichen, wie die frühen Christen deuten, sondern für Jesus selbst. Darum sagt er zu Judas die sonst völlig unverständlichen Worte: »Warum bist du gekommen, mein Freund?«

Im Liebeszeichen meldet sich, so könnte man auch sagen, jene Macht, deren vertrauenswerte Seite diesseits vom Tod nicht klar erkennbar und sicher zu wissen ist. Dann liefert der Kuss auch aus an jene Ungewissheit darüber, ob Jesus nicht nur von der Welt, sondern eben auch von Gott, vom »Leben selbst« (so Ingrid Riedel zur Gottesbezeichnung) verlassen ist, ausgeliefert an jenen fremden Willen, von dem es im Vaterunser heißt, er möge geschehen.

Nun möchte ich noch ein Beispiel anführen, das zeigt, wie man in Liebesbeziehungen auch mit Verrat und Vertrauen umgehen kann. Die zweite Frau des Theologen Paul Tillich schildert die Szene in ihrer Biografie. Sie hatte in ihrer Beziehung mit ihm alle Höhen und Tiefen von Vertrauen und Verrat durchlebt. Es kommt zur letzten Begegnung der beiden, wenige Stunden vor seinem Tod im Krankenhaus von Chicago: »Ich war froh, dass ich ihm sagen konnte, dass ich sein Gesicht vom ersten bis zum letzten Tag geliebt hatte, dass ich nie an seiner geistigen Kraft gezweifelt hatte, dass in meinem Herzen ein warmes Lächeln und nicht etwa ein zynisches Lachen für ihn lebte und dass dies Gefühl für die Absurdität des Lebens und der Liebe uns durch unsere letzten gemeinsamen Jahre getragen hatte« (Tillich 1993, S. 216f.). Und sie berichtet: Sie hätten dort im Spital auf dem Bett gesessen und gemeinsam gelacht über Vertrauen und Verrat und über die Absurdität von beidem.

6. Politischer Verrat[6]

»Politischer Verrat« soll wenigstens am Schluss noch behandelt werden, weil Verrat gegenwärtig in Gesellschaft und Politik ein großes

Thema ist, so wie in der Judas-Geschichte eben auch die politischen und religiösen Autoritäten eine Rolle spielen.

Man kann sich fragen: War Brutus ein kaltblütiger Killer oder jemand, der mit Caesars Ermordung die römische Republik retten wollte? Ist der Whistleblower Edward Snowden ein medienversessener Spinner und Landesverräter oder ein Held der Demokratie? Verräter ist politisch nicht gleich Verräter: Es gibt den Egoisten hier, der verrät, weil er gut bezahlt wird. Den uneigennützigen Wohltäter dort, der glaubt im Dienst der Menschheit zu agieren.[7]

Ehrend erwähnen möchte ich Margret Boveri. Die Autorin tat in den fünfziger Jahren nichts anderes, als den Begriff Verrat in der ersten Hälfte des 20. Jahrhunderts im Bereich des Politischen zu protokollieren (Boveri 1956–1969). In diesem Bereich hat Verrat eigentlich immer eine negative Bedeutung. Aber konkret hängt die Bezeichnung »Verrat« von demjenigen ab, der den Begriff verwendet. Wenn Arthur Koestler für die kommunistische Welt ein Verräter ist, so ist er das nicht für den freien Westen. Wenn Ezra Pound für Roosevelt ein Verräter ist, so ist er das nicht für Mussolini. Und gewiss war Knut Hamsun für Vidkun Quisling (geboren 1887, hingerichtet 1945) kein Verräter, als er seine Reise zu Adolf Hitler antrat. Die Binsenwahrheit lautet hier: Es kommt immer darauf an, wer den Krieg gewinnt.

Das in den vier Bänden von *Rowohlts Deutscher Enzyklopädie* obligate »enzyklopädische Stichwort« beginnt mit der Feststellung: »Verrat ist Vertrauensbruch – und auf der Vertrauenswürdigkeit des anderen beruht alles Zusammenleben der Menschen, gleichgültig, wie ihre Lebens- und Staatsform im Einzelnen aussehen mag. Verrat ist aber auch ein Element der historischen Entwicklung von politisch organisierten Gemeinschaften – denn aller radikaler politischer Wechsel hebt mit Verrat an« (Boveri 1965, S. 7f.). Kommunismus und Faschismus konnten das nicht. Das Verdienst Margret Boveris ist es, zu solch abstrakten Überlegungen die konkreten Fallgeschichten geliefert und analysiert zu haben. Der Verrat, die Denunziation, die falsche Anschuldigung: Sie sind Anker in unsicheren Zeiten. Vonseiten eines Diktators oder Despoten bedarf es wenig, um diesen Mechanismus anzustoßen. Rasch ist die Bühne des Verrats aufgebaut, auf der dieses erbärmliche Stück Skrupellosigkeit zur Aufführung kommt. Erstaunlich schnell sind Mitspieler gefunden. Überraschend immer wieder, mit welcher Geschmeidigkeit in Diktaturen die Verfolgung von Andersdenkenden zu einem Programm wird, das nicht nur von den Geheim- und Spitzeldiensten am Laufen gehalten wird. Und wir haben in unserer eigenen Geschichte im Nationalsozialismus, aber eben auch in der DDR gesehen: Je näher wir dem Verräter oder IM (inoffizieller Mitarbeiter der Stasi) kommen, desto schillernder wird er. Er stabilisiert, wo Schwäche herrscht, und schwächt, wo sichere Überzeugungen gelten.[8] Er hilft Grenzen aufzubauen, indem er sie überschreitet. Und lässt Grenzen verschwimmen, wenn er die Verwandlung kultiviert. Die Perspektive entscheidet. Der Verräter wird zum Vexierbild zwischen Opfer und Täter, zwischen Verbrecher und Held, zwischen Regime und Denunziant.

Die Ausgrenzung von Gegnern oder von anderen ist in der Politik ein Lieblingssport. Die Funktion dieser Ausgrenzung ist die Identitätsstiftung. Wir wissen, wer wir sind, wenn wir wissen, gegen wen wir sind. Das ist eine ziemlich plumpe, aber sehr wirkungsvolle Form politischer Logik. Man sagt nicht: »Ich bin für Freiheit, Gleichheit, Brüderlichkeit«, sondern: »Ich bin gegen die Juden – oder die Flüchtlinge.« An diesem »Sport«, an dieser Methode erkennt man auch eigentlich, ob ein System autoritär und verbrecherisch werden kann oder nicht, weil eben immer mit dieser Feindbildung operiert wird. Man konnte das an Donald Trump hervorragend studieren. Wenn Trump sagte, die Presse sei der Feind des Volkes, und wenn er auch sonst noch alle möglichen anderen Feinde ausfindig machte, dann diente es dem Zweck, mit dieser Anklage des angeblichen Verrats letzten Endes die eigenen Reihen geschlossen zu halten und diese Größe der Nation, mit der er sich identifizierte, sicherzustellen.

Also: Verrat in der Politik behält immer ein Doppelgesicht. Er kann unter bestimmten Umständen geradezu Bürgerpflicht sein, wenn er die demokratische Kultur an ihre Werte erinnert, während der individuelle, egoistische Verrat abschreckend ist. Je nach Blickwinkel, je nach politischer Präferenz oder ideologischer Orientierung kann der Verräter Kritiker sein, Feind, Verleumder, Aufklärer. Vielleicht sind es am Ende eher diese Namen, die in ihrer Gesamtheit dem Schillern und dem Verständnis der Unperson »Verräter« gerecht werden. Eine Welt ohne ihn wird es nicht geben.

7. Eine offene Frage an die Judas-Geschichte zum Schluss:

Kann man mit Verrat und vor allem mit Verratensein leben? Ich selbst habe im Laufe meiner Arbeit und am Institut für Trauerarbeit (ITA), Hamburg, bemerkt, dass gerade diejenigen, die sich von »Gott« verraten fühlten, in abgründige Verlassenheit und Einsamkeit geschaut und etwas gesehen haben, was viele sich nicht anzusehen trauen. Was haben sie gesehen? In der Evangeliengeschichte zwei scheiternde Menschen, Suizid und Mord. Was soll da wandlungsoffen sein? James Hillman hat angeregt, für einen Moment einmal von der stofflich realistischen Seite dieser Geschichte abzusehen. Dann sind sowohl Selbsttötung wie Mord seelische Bilder, die zum Verratserlebnis für Verräter und Verratene gehören.

Im Burgund gibt es ein aufregendes Säulenkapitell aus dem 12. Jahrhundert. Darauf trägt der Auferstandene den toten Judas auf dem Rücken! Lässt sich Verrat tragen – und womöglich auch noch von dem, der verraten worden ist? Darauf lässt sich keine schnelle Antwort geben.

Zunächst zum Verräter: Er ist am Ende, als er sich als Auslieferer und Verräter erkennen muss. Seine guten Absichten haben das Gegenteil bewirkt. Er schämt sich und »hat sein Gesicht verloren«, wie es in Schamkulturen heißt. Für diese Einsicht gibt es nur Selbsttötung – nun nicht gleich physisch (wie in der erzählten Geschichte), sondern psychisch-symbolisch: die Tötung des Ego und des eigenen guten Willens. Mit Hillman sehe ich den Selbsttötungsimpuls als einen völlig verzweifelten Wandlungsimpuls – einen Impuls freilich, der sich selbst und den eigenen Willen auf

Abb. 5: Christus mit dem toten Judas auf dem Rücken: Säulenkapitell in der Kathedrale Sainte-Marie-Madeleine (12. Jahrhundert) im burgundischen Vézelay

allen Ebenen als gescheitert und ans Ende gekommen sieht. Judas erkennt, dass er vom Verrat ergriffen worden ist und dass seine »Treue« darin besteht, sich selbst auszuliefern, indem er den Verrat anerkennt.

Der Mord an Jesus kann, neben seiner immer wieder geschilderten realistischen Seite, innerlich aber auch ein Bild sein für die große Verletzung, die jemand erleidet, wenn er vom Vertrauten verkauft und verraten ist. So etwas erlebt die Seele wie eine Passion und einen Mord. Verrückter- oder verrückenderweise kann diese Passion die unmögliche Möglichkeit von Eros und Leidenschaft hervorrufen. Man kann den Verrat dann tragen, wie Christus auf dem alten Kapitell in Burgund den (toten) Judas noch im Tod trägt.

Vielleicht liegt in diesem Widerspruch von Verraten und Vertrauen das große Geheimnis: Eine Verratsgeschichte ruft nach unseren besseren Seiten. Man kann über dies Mysterium eigentlich nicht berichten, weil man sich immer existenziell *darin* befindet. Mit erlebtem und erlittenem Verrat verhält es sich so, wie wenn man nach einer schweren Krankheit zu einem neuen, demütigeren Leben kommt, in dem Gesundheit nicht mehr selbstverständlich ist.[9] Wer in die Verratsgeschichte tief eingetaucht ist, kann beim Wiederaufsteigen kaum noch sagen, was geschah. Man weiß nur, dass man gewandelt worden ist, zu einer vertrauenden, geprüften Haltung, die zuweilen die Erfahrungen von Misstrauen, Verrat und Enttäuschung zu umfangen fähig ist.

Anmerkungen

1   Das griechische Wort für »verraten« (pardidonai) heißt eben auch »ausliefern« oder »überliefern« (Teichert 1990, S. 30–34).
2   Das genaue Zitat lautet: »Ich bin Leben, das leben will, inmitten von Leben, das leben will« (Schweitzer 1970, S. 158).
3   Schweitzer sieht uns immer schon als sozial und ökologisch eingebunden. Biografisch wie logisch steht am Beginn dieses ethischen Denkens die »compassion«, das Mitleid oder besser: das Mitempfinden. Der ethische Geist, so Schweitzer in seiner Rede anlässlich der Verleihung des Friedensnobelpreises, sei »zu der Einsicht gelangt, dass das Mitempfinden, in dem die Ethik wurzelt, seine

rechte Tiefe und Weite nur hat, wenn es nicht einzig auf Menschen, sondern auf alle lebendigen Wesen geht. Neben die bisherige, der letzten Tiefe und Weite und Überzeugungskraft ermangelnde Ethik ist die Ehrfurcht vor dem Leben getreten und findet Anerkennung.« (Schweitzer 1970, S. 124).

4 »In der Darstellung des Blickkontakts« erfahre der Betrachter, so Peter Sloterdijk zu Giottos Bild, »im fragend-wissenden Augenausdruck der Christusgestalt eine offene, sphärenbildende Kraft, die selbst den Verräter in ihren Raum reintegrierte, wenn dieser ihm nur beitreten könnte [...]« (Sloterdijk 1998, S. 154).

5 In der Liebesverratsliteratur gibt es – so von Matt – grob gesehen immer nur drei Möglichkeiten, mit Verrat umzugehen, drei szenische Grundereignisse um Verrat und Treulosigkeit: Hochzeit, Mord oder Wahnsinn. Für das Dritte kann auch Suizid stehen (von Matt 1989, S. 27f.).

6 Gerigk 2012.

7 Michael Reitz' These: Verräter haben den schlechtesten Ruf – und sie sind gerade total im Trend. Sie sind die perfekten Sündenböcke. Gleichzeitig zeigt sich: In der speziellen Ausprägung des Whistleblowers ist der Verräter unverzichtbar für die Demokratie (Reitz 2020).

8 »Wo die Selbstverständlichkeit von Lebensorientierungen verloren geht, tun sich Vertrauensfragen auf«, schreibt die Präsidentin des Wissenschaftszentrums Berlin, Jutta Allmendinger. Und sie fügt hinzu: »Wenn bei den Menschen etwa der Eindruck entsteht, dass staatliche Institutionen die Kontrolle über wichtige Aufgabenfelder verloren haben, schwindet mittelfristig das Vertrauen in sie. Hier blüht das Geschäft populistischer Politik, die ja mehr oder weniger glaubhaft vorgibt, volle Kontrolle zurückerlangen zu können. Dafür bekommt sie, scheinbar gegen jede Vernunft, von einem Teil der Wählerinnen und Wähler einen gewaltigen Vertrauensvorschuss« (Allmendinger/Wetzel 2020, S. 8 und S. 26).

9 Dieses Bild hatte Iris Radisch in ihrer Dankesrede in Darmstadt für den Johann-Heinrich-Merck-Preis entworfen, um ihr Erleben von bester Literatur zu kennzeichnen (später wurde der Text dann abgedruckt in *Die Zeit* Nr. 46 vom 5.11.2020).

Literatur

Allmendinger, J. / Wetzel, J. (2020): Die Vertrauensfrage: Für eine neue Politik des Zusammenhalts. Dudenverlag, Berlin.

Ben-Chorin, S. (1977): Bruder Jesus. Der Nazarener in jüdischer Sicht. List, München.

Boveri, M. (1956a): Der Verrat im 20. Jahrhundert. I: Für und gegen die Nation. Das sichtbare Geschehen. Rowohlt, Reinbek bei Hamburg.

Boveri, M. (1956b): Der Verrat im 20. Jahrhundert. II: Für und gegen die Nation. Das unsichtbare Geschehen. Rowohlt, Reinbek bei Hamburg.

Boveri, M. (1957): Der Verrat im 20. Jahrhundert. III: Zwischen den Ideologien. Zentrum Europa. Rowohlt, Reinbek bei Hamburg.

Boveri, M. (1969): Der Verrat im 20. Jahrhundert. IV: Verrat als Epidemie: Amerika. Fazit. Rowohlt, Reinbek bei Hamburg.

Dorst, B. / Neuen, C. / Teichert, W. (Hg.) (2017): Seele und Geld. Chancen und Risiken einer vielstimmigen Identität. Schriftenreihe der Internationalen Gesellschaft für Tiefenpsychologie e. V. Patmos, Ostfildern.

Gerigk, H.-J. (2012): Unterwegs zu einer Theorie des Verrats: Eric Hoffer und Margret Boveri. In: Engelhardt, D. von (Hg.): Verrat. Geschichte – Medizin – Philosophie – Kunst – Literatur. Mattes, Heidelberg 2012, keine Seitenzahlen, https://www.horst-juergen-gerigk.de/aufs%C3%A4tze/unterwegs-zu-einer-theorie-des-verrats-eric-hoffer-und-margret-boveri/ [Zugriff 13.6.2021].

Hardt, S. (1987): Tod und Eros beim Essen. Athenäum, Frankfurt am Main.

Heine, H. (1975): Ein Jüngling liebt ein Mädchen. Insel Verlag, Frankfurt am Main.

Hillman, J. (1979): Verrat. In: Analytische Psychologie 10, S. 81–102.

Hörisch, J. (2009): Der Takt der Neuzeit. Omega, Hannover.

Jens, W. (1975): Der Fall Judas. Kreuz, Stuttgart.

Matt, P. von (1989): Liebesverrat. Die Treulosen in der Literatur. Carl Hanser, München/Wien.

Radisch, I. (2020): Dankesrede für den Johann-Heinrich-Merck-Preis. In: Die Zeit, Nr. 46, 5.11.2020. https://www.deutscheakademie.de/en/awards/johann-heinrich-merck-preis/iris-radisch/dankrede [Zugriff 13.6.2021].

Reitz, M. (2020): Sind Verräter ein Treibstoff der Demokratie? In: BR Nachtstudio, ausgestrahlt am 5.5.2020. https://www.br.de/mediathek/podcast/nachtstudio/sind-verraeter-ein-treibstoff-der-demokratie/1796851 [Zugriff 13.6.2021].

Schubert, H. (1990): Judasfrauen. Zehn Fallgeschichten weiblicher Denunziation im Dritten Reich. 4. Aufl. Luchterhand Literaturverlag, Frankfurt am Main.

Schweitzer, A. (1970): Gesammelte Werke, Bd. 5. Beck: München.

Sloterdijk, P. (1998): Sphären I. Blasen. Suhrkamp, Frankfurt am Main.

Teichert, W. (1990): Jeder ist Judas. Der unvermeidliche Verrat. Kreuz, Stuttgart.

Tillich, H. (1993): Ich allein bin. Mein Leben. Gütersloher Verlagshaus, Gütersloh.

RENATE DANIEL

Selbstvertrauen und Weltvertrauen in bedrohlichen Zeiten

»Nichts ist gewisser als der Tod, nichts ist ungewisser als seine Stunde«, zitierte der Erzbischof Anselm von Canterbury das lateinische Sprichwort »Mors certa hora incerta«. Diese nahezu eintausend Jahre alte Aussage mit ihrer extremen Spannung von Gewissheit und Ungewissheit reizt die Menschen zum Widerspruch. So führt die ungewisse Todesstunde zu Diskussionen über das Recht auf einen selbstbestimmten Todeszeitpunkt, und die Todesgewissheit nährt die Sehnsucht nach Unsterblichkeit. Gesponsert von den reichsten Männern dieser Welt suchen US-amerikanische Wissenschaftler und Forscherinnen derzeit fieberhaft nach dem Schlüssel der Unsterblichkeit und prognostizieren einen Forschungsdurchbruch für das Jahr 2045.[1]

Neu ist diese Herausforderung allerdings nicht: Dem Mythos nach hat bereits vor etwa fünftausend Jahren Gilgamesch, der einstige König von Uruk, das Unsterblichkeitskraut gesucht. Kurz soll er es in Händen gehalten haben, aber während er ermüdet einen Moment unaufmerksam war, sei es ihm wieder geraubt worden. Bitterlich weinend habe er seine Sterblichkeit angenommen – und sei in der Folge ein menschenfreundlicherer Herrscher geworden. Das lässt aufhorchen: Die Anerkennung der eigenen Sterblichkeit – in Demut anstatt in Resignation[2] – hatte Auswirkung auf die zwischenmenschliche Beziehungsqualität. Gilgamesch akzeptierte die Unausweichlichkeit des Todes aber erst, nachdem er heldenhaft alles Menschenmögliche versucht hatte, ihn zu besiegen, und in dieser Tradition stehen wir bis heute. Wir sind ziemlich erfolgreich im Kampf gegen Lebensbedrohungen, etwa durch

Krankheit.[3] Und das hat erhebliche Konsequenzen für das Vertrauen: Nicht mehr alle Krankheiten sind Schicksalsschläge, sondern manchen können wir entgehen, wenn wir uns vorsichtiger verhalten, wenn wir *weniger* vertrauensvoll, weniger naiv, weniger unbeschwert sind. Spätestens seit Covid-19 wird deutlich, dass ein umsichtiges Verhalten unser Infektionsrisiko reduziert. Wir sind zumindest teilweise selbst verantwortlich für die Ansteckung; diese ist nicht mehr ausschließlich Pech oder ein Schicksalsschlag.[4]

Was den Kampf gegen Krankheiten anbelangt, würden Anselm von Canterbury und seine Zeitgenossen wohl staunen, wie viele Krankheiten wir heute heilen bzw. lindern können. Zu seiner Zeit war eine Vorbeugung mittels Impfung völlig unbekannt. Die erste Impfung überhaupt, die Pockenschutzimpfung, stand im 18. Jahrhundert zur Verfügung, weitere Impfstoffe gegen Diphterie, Kinderlähmung und Tuberkulose wurden Anfang des 20. Jahrhunderts entwickelt.

Damals erlebten die Menschen hautnah die Symptome und Schrecken dieser Krankheiten. Das sowie die hohe Sterblichkeitsrate bewirkten eine große Impfakzeptanz. Seit der Verfügbarkeit dieser und anderer Impfstoffe erkrankten in den letzten hundert Jahren bei uns deutlich weniger Kinder an den genannten Krankheiten. Das klinische Bild verschwindet zunehmend aus der Lebenswirklichkeit – es wird unsichtbar. Laien, aber auch viele Medizinerinnen und Mediziner kennen diese Erkrankungen nicht mehr aus eigener Anschauung. Sie werden abstrakt – dadurch emotional weniger relevant. In der Folge sind es vor allem die Schäden sowie Nebenwirkungen von Impfungen, die in die Schlagzeilen geraten und die Überzeugung hervorrufen können, dass diese gravierender seien als die Infektionskrankheit selbst. So kann das Vertrauen in Impfungen schwinden und die allgemeine Impfbereitschaft sinken.[5]

Geradezu Wasser auf die Mühlen der Gegnerinnen und Gegner von Impfungen gegen Covid-19 war die Meldung, dass Hersteller von Impfstoffen in den USA vorsorglich von Haftung befreit worden seien (Klingler 2020, S. 12). Ich sage bewusst nicht »Tatsache«, weil ich diese Aussage nicht überprüfen konnte, sondern diesem Autor vertrauen kann – oder eben nicht. Bei meiner Recherche bin ich allerdings darauf gestoßen, dass die Pharmaindustrie in geheimen Verhandlungen mit der EU ebenfalls eine generelle Haftungsbefreiung für mögliche Schäden durch die neuen Corona-Impfstoffe erreichen wollte (Maier 2020).

Damit wir einem Impfstoff Vertrauen schenken können, braucht es Aufklärung über Risiken, Nebenwirkungen sowie Haftungsfragen. Sollte der Eindruck entstehen, dass darüber nicht offen kommuniziert wird, könnte das Vertrauen massiv erschüttert werden, insbesondere, wenn es eine Impfpflicht geben würde. Vertrauen bedarf nämlich Offenheit, Aufrichtigkeit und Wahrheit: Im Englischen sind *truth* und *trust* etymologisch verwandt (Hartmann 2020, S. 39).

Weil wir aufgrund der Unsichtbarkeit des Virus im Alltag nicht wissen, wem wir uns gefahrlos nähern können, gehört zu den Corona-Regeln, dass wir auch auf das Händeschütteln verzichten. Nur wenigen wird bekannt sein, dass dieses Begrüßungsritual in der westlichen Welt seit der Antike eine friedfertige Begegnung verspricht, denn eine zum Gruß offen angebotene Hand kann keine Waffe halten. Die zwischenmenschliche Bedeutung des Handschlags war aber bis vor einigen Jahrzehnten offensichtlich: Es wurden damit mündliche Verträge besiegelt. Man vertraute einem per Handschlag gegebenen Wort. Das war jedoch schon vor der Coronapandemie selten geworden und ist vielleicht ein Indiz dafür, dass uns gewisse Vertrauensgeschenke kaum noch möglich sind.[6]

Viele Menschen leiden, weil sie aufgrund des Infektionsrisikos eine andere Person nicht mehr berühren, umarmen oder küssen sollen. Gerade auch für Menschen in Pflege- und Altersheimen ist es schrecklich, wenn die eigenen Kinder ein Risiko darstellen und man sich nur durch die Fensterscheibe sehen darf. Andere stehen diesem Verzichtsgebot neutral oder sogar positiv gegenüber und schätzen zunehmend mehr virtuelle Begegnungen. Interessanterweise beobachten Soziologinnen und Soziologen seit einigen Jahren einen wachsenden Wunsch nach körperlicher Distanz. In den USA haben immer mehr Menschen Mühe mit körperlicher Nähe und Intimität. Es scheint zunehmend schwerer zu sein, sich nackt zu zeigen in einer Konsumkultur, die ständig vergleicht, die ständig das Bessere sucht und dabei vor dem Körper nicht Halt macht. Wer dem gängigen Schönheitsideal nicht entspricht, und das sind ja die meisten, spürt häufig ein Unbehagen oder sogar Beschämung. Aufgrund dieses Unbehagens steigt in den USA der Wunsch nach Umkleidekabinen, die so gestaltet sind, dass sich Sporttreibende nicht mehr nackt sehen müssen. Nach dem Sportunterricht in den Schulen wird nicht mehr geduscht, reiche Paare bauen sich Häuser mit getrennten Bädern, und die Zahl asexueller Menschen scheint zu steigen (Hartmann 2020, S. 64).

Doch nicht nur das geringe Vertrauen in die eigene körperliche Attraktivität erschwert das Eingehen von Beziehung, sondern auch das zunehmende Streben nach Autonomie und persönlicher Selbstverwirklichung. Letzteres ist laut der Soziologin Eva Illouz mitverantwortlich für die aktuell steigende Tendenz zu Unverbindlichkeit und Ungewissheit in Beziehungen (Illouz 2018, S. 42). Erwartungslosigkeit wird zum Ideal in Beziehungen, weshalb es zu einer chronischen Ungewissheit in sexuellen und romantischen Beziehungen kommt. Es bleibt häufig unklar, ob eine Beziehung überhaupt besteht, ob sie weitergeht oder nicht. Emotionale Bedürftigkeit auszustrahlen, gilt als Zeichen von Schwäche und ist zunehmend verpönt. Wenn aber emotional nichts erwartet oder versprochen werden darf und somit die Zukunft völlig offen ist, wird der Aufbau von Vertrauen fast unmöglich – da Vertrauen auch mit Zukunftserwartungen verknüpft ist. Vertrauen wird vermieden im Dienst des Selbstschutzes, um nicht emotional verletzt zu werden, wenn der oder die andere sich abwendet (Illouz 2018, S. 267).[7] Eine menschliche Einstellung mit der Weigerung, irgendetwas zu akzeptieren, was die persönliche Freiheit und Selbstverwirklichung beschränken könnte, verknüpft mit dem Vermeiden jeglicher emotionalen Bindung, hat der Theologe Paul Tillich bereits 1952 beschrieben. Die Kehrseite einer solchen Freiheit – in der

Vertrauen in die andere Person vermieden wird – ist laut Tillich in der Regel eine völlige Leere und der Verlust von Sinn (Tillich 2015, S. 102).

Die aktuell gebotene körperliche Distanz hat dazu geführt, dass wir existenzielle Erfahrungen bzw. Rituale gar nicht oder nur unter sehr restriktiven Bedingungen miteinander teilen dürfen: der Besuch eines neugeborenen Babys und seiner Mutter auf der Entbindungsstation, Tauffeiern, Hochzeitsfeste, das Abschiednehmen von einem Sterbenden im Krankenhaus oder Beerdigungen – all das wurde ganz anders, und zwar ganz plötzlich. Nun geht der Philosoph Martin Hartmann davon aus, dass wir alle – ohne darüber überhaupt nachzudenken – auf die Beständigkeit dieser Welt vertrauen und einfach annehmen, dass morgen nicht alles anders ist als heute (Hartmann 2020, S. 48). Die Gefährdung durch das Virus und die verschiedenen Lockdowns haben gezeigt, dass dem nicht so ist. Das hat viele Menschen verstört und beträchtliches seelisches Leid verursacht.

Und die Seele war zu Beginn des ersten Lockdowns nahezu kein Thema. Im Zentrum stand die Verhinderung von physischer Ansteckung und physischem Tod. Die Aufmerksamkeit und Weltsicht waren materialistisch. Über die Bedeutung der Psyche im Hinblick auf die Infektionserkrankung im Sinne psychosomatischer Zusammenhänge wurde öffentlich praktisch nicht diskutiert. Doch sowohl Panik als auch monatelanger Stress oder schlimme Sorgen haben Auswirkungen auf das menschliche Immunsystem und die Infektionsanfälligkeit. Gezeigt hat das unter anderem eine Studie, in der 420 gesunde Frauen und Männer im Alter von 18–54 Jahren mit Erkältungsviren infiziert wurden. Je stärker die Probanden zu Beginn der Studie gestresst waren und je schlechter sie sozial integriert waren, desto höher war die Wahrscheinlichkeit, an einer Erkältung zu erkranken, und desto deutlicher waren die klinischen und immunologischen Anzeichen einer Erkältung. Bereits ein Monat anhaltender, belastender Stress[8] verdoppelt die Erkrankungswahrscheinlichkeit (Schubert 2015, S. 74). Aufgrund dieser und anderer Ergebnisse der Psychoneuroimmunologie –

einer Forschung über die Wechselwirkung zwischen Immunsystem und Psyche – ist der Arzt und Psychotherapeut Christian Schubert überzeugt, dass der zunehmende chronische Stress, ökonomische Krisen[9] und globale Panikreaktionen in den westlichen Industrienationen für die pandemische Verbreitung von Infektionskrankheiten *mitverantwortlich* sind.

Angst vor einer potenziell todbringenden Viruserkrankung, aber auch das Ansehen der schrecklichen Bilder der künstlich beatmeten Covid-19-Patientinnen und Patienten, schwächt unsere Abwehrkräfte und steigert erwiesenermaßen die Empfänglichkeit gegenüber einer Virusinfektion.[10] Das bedeutet konkret, dass nicht allein die Virenmenge, der wir ausgesetzt sind, über unsere Erkrankungswahrscheinlichkeit und die Schwere des Krankheitsverlaufs entscheiden, sondern auch unsere seelische Verfassung einschließlich der Qualität unserer Beziehungen.[11] Vertrauensvolle Beziehungen, darin erlebte Geborgenheit sowie die damit verbundene Stressreduktion sind wichtig im Heilungsprozess körperlicher Erkrankungen. Als ein Chirurg in den 1960er-Jahren begann, jeweils am Abend vor der Operation mit seinen Patienten und Patientinnen ein Gespräch zu führen, sank die Sterblichkeitsrate seiner Eingriffe deutlich (von Franz 2019, S. 30). Kürzlich äußerte sich Prof. Dr. Bernhard Egger, Chefarzt und Leiter einer chirurgischen Klinik, genau in diesem Sinne: Der Erfolg der Behandlung ist am größten, wenn Arzt und Patient einander vertrauen. Allerdings – ergänzt er – gibt der Arzt dabei ein bisschen von seinem Selbstschutz preis. Eine Ärztin, ein Arzt wird dann emotional verwundbar.[12]

Ist die Beziehung gestört, besteht die Gefahr, dass Menschen Ärzten oder anderen Expertinnen nicht mehr vertrauen – selbst wenn die Fakten stimmen. Die Bereitschaft zu vertrauen beruht nämlich weniger auf Daten und Fakten als auf Stimmungen und Atmosphäre – somit auf Emotionen und emotionalen Bedürfnissen (Hartmann 2020, S. 22).[13]

Manche Menschen leugnen oder ignorieren sogar Fakten, weil sie am Vertrauen in eine Person festhalten müssen, um ihr seelisches Gleichgewicht zu stabilisieren. Wer Vertrauen schenken kann, erlebt Wärme, Halt und Geborgenheit, und das ist kostbar. Vertrauen verlieren heißt hingegen, ein Weltbild, einen Glauben, mitunter Zuneigung oder Liebe zu verlieren, und das kann destabilisierend sein. Vertrauensverlust kann einem den Boden unter den Füßen wegziehen. Wenn es einem Menschen gelingt – auch als Politikerin oder Diktator – bei anderen große Bewunderung bis hin zu einer religiös anmutenden Ehrfurcht zu erzeugen, ist es eine seelisch »logische« Reaktion, Vertrauen zu schenken. Geschenkt wird das Vertrauen einer Person, die zur Projektionsfläche für das Rettende wird. Sie wird zum Symbol, und die menschlichen Schwächen werden kaum wahrgenommen, geleugnet oder erscheinen nicht wirklich wichtig. Relevant ist, was der betreffende Mensch verkörpert.[14]

Zur Bedeutung von Glauben und Vertrauen nun ein Märchen:

»Das Holzschwert«, ein jüdisches Märchen (Horowitz 2012[15], S. 332ff.), erzählt von einem schlaflosen König, der nachts durch die Stadt spaziert – heimlich und in der Kleidung eines gewöhnlichen Kaufmanns. In einem ärmeren Stadtviertel entdeckt er ein beleuchtetes Fenster. Der Hausherr bittet den anklopfenden Fremden herein an den reich gedeckten Tisch. Allabendlich würden er und seine Frau es sich gut gehen lassen. Sie seien zwar nicht reich, aber als Schuhflicker im Basar verdiene er tagtäglich das notwendige Geld. Dank Gott hätten sie genug. Der fremde Gast fragt daraufhin den Hausherrn, wie es wohl wäre, wenn der König morgen den Beruf des Schuhflickers verbieten würde. Der Hausherr wundert sich über diese seltsame Frage und entgegnet: »Warum soll ich mir jetzt den Kopf zerbrechen, über etwas, das morgen vielleicht geschieht? Heute ist heute, und morgen ist morgen. Gott hat den heutigen Tag gesegnet, möge er auch den morgigen segnen!« Daraufhin schweigt der Gast und verlässt kurze Zeit später das Haus.

Nun staunt der Schuhflicker nicht schlecht, als am nächsten Morgen im Basar verkündet wird, dass auf Weisung des Königs das Schuhflicken ab sofort bei Todesstrafe verboten sei. Als der Schuhflicker einen Wasserträger sieht, kommt ihm die rettende Idee. Er verkauft sein Schuhflickerhandwerkszeug, erwirbt eine Tragstange sowie zwei Eimer und trägt den ganzen Tag lang Wasser vom Brunnen zu den Häusern der Menschen. Mit dem Tagesverdienst kauft er das Abendessen.

An diesem Abend findet der verkleidete König wieder einen reich gedeckten Tisch und ein freudiges Ehepaar vor. Nun konfrontiert er den Hausherrn mit der Überlegung, dass der König auch das Wassertragen verbieten könnte. Der Hausherr schüttelt den Kopf angesichts dieser seltsamen Frage und antwortet wie am Tag zuvor: »Warum soll ich mir jetzt den Kopf zerbrechen, über etwas, das morgen vielleicht geschieht? Heute ist heute, und morgen ist morgen. Gott hat den heutigen Tag gesegnet, möge er auch den morgigen segnen!«

Am nächsten Morgen wird der Beruf des Wasserträgers bei Todesstrafe verboten, worauf der Schuhflicker seinen Tagesunterhalt als Holzfäller verdient.

Beim abendlichen Besuch ist der verkleidete König frappiert über den wiederum reich gedeckten Tisch. Freimütig berichtet ihm der Hausherr, wie er trotz des neuerlichen königlichen Berufsverbots Geld verdienen konnte. Und wieder ersinnt der unbekannte Besucher eine mögliche Schwierigkeit: Was nämlich wäre, wenn der König auch das Holzschlagen verbieten würde. Der Schuhflicker antwortet wie bisher.

Es verwundert kaum, dass auch am nächsten Morgen etwas geschieht: Der Schuhflicker darf nicht zum Holzfällen, weil er auf Befehl des Königs als Palastwächter verpflichtet wird. Den ganzen Tag verrichtet er stehend seinen Dienst und erfährt nach getaner Arbeit, dass der Lohn nicht täglich, sondern monatlich ausbezahlt wird.

Zum ersten Mal wird es dem Schuhflicker schwer ums Herz, denn er hat kein Geld für das Abendessen. Die rettende Idee kommt ihm erst, als er zwei Jungen beobachtet, die mit Holzstöcken fechten. Er verkauft die wertvolle Stahlklinge des Schwertes, das er als Palastwächter trägt, und ersetzt diese durch eine hölzerne Klinge. »Bei meinem Dienst in der Palastwache wird das unbemerkt bleiben, weil die Klinge des Schwertes verborgen in der Scheide steckt. Somit ist für unser Abendessen gesorgt und das sogar für zwei Monate«, erzählt er seinem Gast am Abend freimütig.

Der Gast stellt dem Schuhflicker nun die Frage, was passieren würde, wenn er bei seinem Dienst vor dem Palast das Schwert gebrauchen müsste. Die Antwort des Schuhflickers kennen wir: »Heute ist heute, und morgen ist morgen. Gott hat den heutigen Tag gesegnet, möge er auch den morgigen segnen!«

Am nächsten Morgen erfährt der Schuhflicker, dass er auf Befehl des Königs einen Verbrecher mit seinem Schwert hinrichten muss. Im Fall einer Weigerung würde sein eigener Kopf rollen. In dieser kritischen Lage blickt der Schuhflicker auf dem Weg zum Hinrichtungsplatz in den Himmel und hat plötzlich eine Idee. Die Arme zum Himmel erhoben ruft er: »Allmächtiger Gott! Du weißt alles. Ich aber bin blind und unwissend. Ich weiß nicht, ob der Mann vor mir schuldig ist oder unschuldig. Wenn dieser Mann schuldig ist, dann soll mein Schwert ihm ohne Erbarmen den Kopf abschlagen. Ist er aber unschuldig, so soll sich mein Schwert auf der Stelle in Holz verwandeln.« Dann zieht er sein Schwert aus der Scheide und alle Zuschauenden sehen, dass es aus Holz ist. So kommt der Verurteilte frei.

Jetzt gibt sich der König dem Schuhflicker zu erkennen, lobt seinen Einfallsreichtum sowie sein Gottvertrauen und ernennt ihn zum obersten Minister.

Ein Märchen zum Thema Selbstvertrauen, Weltvertrauen und Gottvertrauen. Was zeichnet den Schuhflicker aus, dem es gelingt, sich und seine Frau tagtäglich aufs Neue als Tagelöhner durchzubringen? Und dabei noch zufrieden, lebensfroh und dankbar zu sein?[16] Grundsätzlich geht er davon aus, dass es für ein gutes Leben im Hier und Jetzt nicht nur auf ihn, etwa seinen Fleiß oder seine Leistung, sondern auch auf Gottes Segen ankommt. Das Leben liegt nicht allein in seiner Hand; das ist ihm bewusst und wird von ihm akzeptiert. Mit dem Wunsch »Gott möge den morgigen Tag segnen« beweist er Demut.[17] Er weiß, dass die Zukunft offen und ungewiss und er somit grundsätzlich immer bedroht ist.

Sein Lebensunterhalt ist gesichert, bis der verkleidete König eingreift und die bestehende Ordnung in mehreren Schritten destabilisiert. Erst durch die Krise wird die Vertrauensfrage konkret. Zunächst wird der Schuhflicker zweimal mit einem Berufsverbot konfrontiert. Da er weder auf Ersparnisse noch staatliche Unterstützung zurückgreifen kann, muss er sich etwas einfallen lassen: Das gelingt ihm, weil er nicht in Schockstarre verfällt, sondern offen ist, sich umschaut, beobachtet, vorhandene Chancen wahrnimmt und diese nutzt. Zweimal wechselt er seinen Beruf, wird zuerst Wasserträger und später Holzfäller. Freilich sind hier glückliche Umstände oder Gottes Segen im Spiel, denn es sind Arbeitsplätze vorhanden und der Schuhflicker muss lediglich zugreifen.[18] Not macht erfinderisch, könnte man sagen, aber es spielt auch Mut hinein, wenn das Märchen beschreibt, dass sich der Schuhflicker zu*traut*, eine ihm ungewohnte, fremde Arbeit anzunehmen. Etymologisch steckt nämlich in den Begriffen »Vertrauen«, »Anvertrauen«, »Zutrauen« oder »Trauung« das Wort *trauen*, das »etwas wagen« bedeutet. Wenn wir bewusst vertrauen, wie beim Ja-Wort bei der Hochzeit, trauen wir uns etwas, sind also mutig. Ein solcher Mut ist ein Grundpfeiler von Selbst- und Weltvertrauen, ermöglicht er doch, in die Zukunft zu gehen, sich einzulassen auf Unwägbarkeiten, die einem auf dem weiteren Lebensweg begegnen können.

Im Märchen zahlen sich das Wagnis, aber auch die Anpassungs- und Lernfähigkeit des Schuhflickers aus, denn es gelingt ihm an den ersten beiden Tagen praktisch mühelos, den Familienunterhalt zu sichern. Die Gefahr ist überwunden. Daraufhin erhöht der König das Ausmaß der Bedrohung, indem er dem Schuhflicker als Palastwächter fortan ein monatliches Salär auszahlen will. Zum ersten Mal steckt der Schuhflicker in wirklichen Schwierigkeiten – heißt es im Märchen –, weil er nicht weiß, wie er sein tägliches

Abendessen finanzieren kann. Angesichts dieser völlig neuartigen Herausforderung sind bisherige Erfahrungen, Lösungsansätze oder Erlerntes praktisch wertlos.

Laut Rabbi Nilton Bonder erfordert eine solche Notlage, die Dinge einmal ganz anders zu betrachten (Bonder 2014, S. 7). In einer existenziellen Krise geht es um den Mut, herkömmliches Denken bzw. Verhalten über den Haufen zu werfen, sich auf das Nichtwissen einzulassen und für das bisher Verborgene zu öffnen. Dabei reicht es nicht aus, die Außenwelt zu erkunden, sondern man muss seine Innenwelt kennenlernen, um aus tiefen Quellen zu schöpfen (Piccard 2014, S. 59). Bestenfalls kann man dann erleben, dass das, was eigentlich unmöglich scheint, nicht unmöglich sein muss. Genau das ist dem Schuhflicker im Märchen passiert, als er ohne Lohn am Abend nach seinem Dienst in der Palastwache nach Hause geht. Er hat kein Geld für einen Einkauf. Es scheint unmöglich, an diesem Abend satt zu werden, bis er zwei Jungen sieht, die mit ihren Holzstöcken fechten. Jetzt kommt ihm der rettende Einfall, die wertvolle Klinge seines Schwertes zu verkaufen. Woher kommt dieser Einfall? Den alten Griechen galt jeder Einfall, jede zündende Idee als Geschenk einer Göttin oder eines Gottes. Tiefenpsychologisch betrachtet stammt der Einfall vom Unbewussten, also aus dem Bereich des bisher Verborgenen, aus dem Bereich des Nichtwissens. Von dort fällt dem Ich etwas zu und kann bewusst werden. Eine Idee stammt demnach nicht vom Ich, sondern kommt zum Ich und somit ins Bewusstsein. Vielleicht sprechen wir deshalb klugerweise nicht von *Ich*-Vertrauen, sondern von *Selbst*vertrauen. Wir verlassen und vertrauen im Alltag in der Regel durchaus unserem Ich, denn wir kennen unsere Ich-Stärken und Ich-Schwächen mehr oder weniger, wissen um unsere Kompetenzen oder Fähigkeiten. Aber spätestens wenn wir kreativ bzw. schöpferisch sein wollen – insbesondere in einer bedrohlichen Situation –, braucht es eine Offenheit des Ich für den Zustrom aus dem Unbewussten, eine Offenheit für etwas, das das Ich transzendiert. Die eigentliche Aufgabe des Ich ist es, das einströmende Material aufzugreifen, in eine Form und somit in die konkrete

Realität zu bringen. Und da es etwas Neues ist, muss es gewagt werden.

Der Schuhflicker im Märchen hat genau das getan. Inspiriert durch das Spiel der beiden Jungen, schritt er zur Tat, verkaufte die stählerne Schwertklinge und ersetzte sie durch Holz. Im Dienst des Überlebens hat er im Gegensatz zu den beiden vorherigen Tagen geltende Moralvorstellungen hinter sich gelassen und listig gehandelt. Man könnte auch von Unredlichkeit oder einer Straftat sprechen. Eine solche Handlung tangiert C. G. Jungs Konzept vom Schatten. Mit dem Schatten meint er verwerfliche oder unmoralische Persönlichkeitsanteile sowie seelische Abgründe aller Art (Jung, GW 7, § 103, Fußnote 5), aber auch all das, wo wir »nicht hinsehen« können, wir »uns selbst ein Rätsel« sind (Jung, GW 18/I, § 38), d.h. auch verborgene Potentiale. Damit geht es beim Schatten um das, was uns an uns selbst fremd ist, uns an uns selbst irritiert, verwundert, aber auch, was wir noch werden bzw. entwickeln könnten.

Solche dunklen bzw. »verschatteten« Aspekte der Persönlichkeit als vorhanden anzuerkennen, ist gemäß Jung die unerlässliche Grundlage jeder Selbsterkenntnis, ruft aber beträchtlichen Widerstand hervor (Jung, GW 9/II, § 14). Wir neigen dazu, das Wissen um unseren Schatten zu verdrängen, zu unterdrücken – oder trauen uns nicht, es auszuleben. Gemäß dem Schweizer Psychiater und Abenteurer Bertrand Piccard kann jedoch niemand wahrhaftig moralisch handeln, wenn er nicht die Gelegenheit hatte, sich unmoralisch zu verhalten (Piccard 2014, S. 103).

Der Schuhflicker hat es gewagt, einen Schattenaspekt auszuleben. Das ist nicht ohne Risiko. Er könnte entdeckt und zur Verantwortung gezogen werden. Und weil er seinem abendlichen Gast – einem Fremden – im Vertrauen freimütig von seiner List erzählt, gerät er am folgenden Morgen tatsächlich in große Schwierigkeiten.

Zwar hat der König im Märchen kein Interesse, ihn nach den geltenden gesetzlichen Regeln, etwa mit einer Inhaftierung, zu bestrafen, aber trickreich bringt er den Schuhflicker in eine Situa-

tion, die sein Vergehen ans Tageslicht bringen könnte: Der Schuhflicker muss auf Befehl des Königs mit seinem Schwert einen
Verbrecher hinrichten.

Diese Szene verdeutlicht allgemeine Grundzüge von Vertrauen:
Sobald wir jemandem vertrauen, jemandem etwas anvertrauen,
sind wir verletzlich, gehen aber eigentlich davon aus, dass die andere Person das nicht zum eigenen Vorteil ausnutzt, sondern uns
wohlwollend gesinnt ist, je nachdem auch schützt (Hartmann
2020, S. 111). Wir bauen auf den anderen, die andere, glauben,
dass er oder sie uns nicht schaden wird, können aber nicht ganz
sicher sein. Deshalb ist Vertrauen so schwierig, insbesondere in der
heutigen Zeit, da wir in nahezu allen Lebensbereichen um maxi-
male Absicherung bzw. Kontrolle bemüht sind.

Der inkognito durch die Stadt streifende König hat als Fremder
bereits zum vierten Mal die Gastfreundschaft des Schuhflickers
gesucht, als die List mit dem Holzschwert zur Sprache kommt. Das
ist durchaus relevant, denn je besser wir jemanden kennen, desto
eher sind wir bereit zu vertrauen, insbesondere wenn wir dem anderen Gutes tun, etwa in der Form von Gastfreundschaft. Und erst
an diesem vierten Abend wird die Vertrauensfrage wirklich relevant, weil der Schuhflicker etwas preisgibt, was ihm erheblich
schaden kann.

Als der Schuhflicker am nächsten Morgen den Verurteilten hinrichten soll, behält er wie an den vorangegangenen Tagen eine Offenheit für Neues – er bleibt sich treu, auch seinem Gottvertrauen,[19]
und verliert bis zuletzt nicht den Mut. Und tatsächlich kommt ihm
eine rettende Idee, aber nicht wie an den vorangegangenen Tagen
bei der Beobachtung menschlichen Verhaltens, sondern beim Blick
zum Himmel. Eine andere Dimension kommt hier nun ins Spiel.[20]
Der Schuhflicker benutzt den menschlichen Glauben an Gottes
Allwissenheit und Wundertätigkeit und kann so den Zuschauenden eine glaubwürdige Lüge anbieten, um die hölzerne Klinge des
Schwertes zu erklären. Die Wahrheit kennen nur Schuhflicker,
Schmied und König, sie sind Geheimnisträger – und damit auch
gefordert, mit diesem Wissen vertrauenswürdig umzugehen. Zum

Schluss ist der König voll des Lobes über das Gottvertrauen und den Einfallsreichtum des Schuhflickers und vertraut ihm einen Ministerposten an – obwohl der Schuhflicker nicht ehrlich war.

Dieses menschen- und lebensfreundliche Märchen lässt viele schmunzeln – wirft aber durchaus ernste Fragen auf: Wieso belohnt der König einen unehrlichen Mann mit einem hohen Amt? Vielleicht, weil er dem Schuhflicker vom Wesen her ähnelt, denn auch er hat zur List gegriffen, als er sich ihm gegenüber als Kaufmann ausgab und ihm heimlich Schwierigkeiten bereitete.[21] Beide haben dazugelernt und die lebensfördernde Kraft ihres jeweiligen Schattenpotenzials erfahren. Das setzt aber laut Verena Kast eine gewisse Selbstsicherheit, ein belastbares Selbstwertgefühl voraus. Nur ein Ich, das mit der Kränkung durch den Schatten umgehen kann, ist fähig, eine Schattenerfahrung als Entwicklungsimpuls aufzugreifen (Kast 2010, S. 46). Selbstvertrauen und Schattenerfahrung sind miteinander verschränkt.

Ethische Prinzipien bzw. Moral sind laut dem Märchen somit nichts Absolutes, nichts Starres, sondern abhängig vom jeweiligen Kontext (von Franz 2019, S. 85), auch wegen einer tiefgreifenden Zweideutigkeit, einer alles durchdringenden Verflochtenheit von Gut und Böse in dieser Welt (Tillich 2015, S. 113f.). Das ist eine Provokation für all diejenigen, die auf einer eindeutigen Unterscheidung von Gut und Böse beharren.

Doch was sagt Gott zum Schatten, also zu List und Lüge? Was erwartet den Schuhflicker, der Gott zu seinen Zwecken »missbraucht« hat? Schaut man diesbezüglich auf die Bibel, dann »wird geschummelt und betrogen, verleugnet und gelogen, dass sich die Balken biegen«, so Johanna Haberer und Sabine Rückert, und sie ergänzen, dass Menschen, die es mit der Wahrheit nicht so genau nehmen, in der Bibel niemals moralisch verdammt werden (Haberer/Rückert 2020, S. 52). Aber immer wird die Lüge irgendwann erkannt, und immer hat sie eine Konsequenz.

Lüge, List und Täuschung sind schöpfungsimmanent, können dem Leben dienen und sinnvoll sein. Tiere etwa nutzen eine Tarntracht (Mimese) oder Warntracht (Mimikry), um sich vor ihren

Feinden zu schützen. So kann das wandelnde Blatt – ein Insekt – aufgrund seiner Tarnung nur schwer entdeckt werden und dadurch seine Überlebenschance deutlich erhöhen. Und die Wespenschwebfliege sieht aus wie eine Wespe, besitzt aber keinen giftigen Stachel. Unserer Sinneswahrnehmung können wir also nur begrenzt vertrauen.

Lüge, List und Täuschung sind aber längst nicht immer lebensförderlich, sondern gerade auch zerstörerisch, wie beispielsweise der Fall des ehemaligen Teamarztes des amerikanischen Turnverbandes, Larry Nassar, zeigt. Seit 1992 hat er viele Jahre lang meist minderjährige Mädchen sexuell missbraucht, ohne dass jemand wirklich misstrauisch wurde. Anschuldigungen wurden bereits 1997 und 2016 laut, fanden aber bei seinem Arbeitgeber kein Gehör (Hartmann 2020, S. 95ff.) – wohl auch deshalb nicht, weil Nassar eine Berühmtheit war, der man ein solches Vergehen nicht zutraute oder deren Ruhm man nicht beschädigen wollte. Und dieser Ruhm war auch relevant für einige Opfer: Sie empfanden es als Ehre, von ihm ärztlich behandelt zu werden. Wer zur Welt eines solchen Mannes Zutritt hat, partizipiert an seinem Glanz und seiner Reputation. Die Sportlerinnen wollten diesem charismatischen und von vielen bewunderten Mann nah sein und *wollten* ihm vertrauen. Zudem sei er freundlich, gesellig, warmherzig und fürsorglich gewesen, zeigte also Eigenschaften, die es erleichtern, Vertrauen zu schenken. Und genau das nutzte er schamlos aus. Man könnte auch sagen, dass er seinen Schatten sehr geschickt hinter einer vertrauenerweckenden Fassade verstecken konnte. Besonders perfide erscheint die Tatsache, dass er die Kinder häufig in Anwesenheit der Eltern missbrauchte. Die Kinder lagen vor ihm unter einem Handtuch, wurden sexuell missbraucht, während die Eltern nichtsahnend im Hintergrund warteten. Da sie dabei waren, wurden sie nicht misstrauisch und kamen verständlicherweise nicht auf die Idee eines Missbrauchs. Einige Kinder wiederum schilderten, dass sie aufgrund der Anwesenheit der Eltern annahmen, dass es in Ordnung sein müsse, was Nassar tat, obwohl es schmerzhaft war. Und eine Mutter, die meinte, eine Erektion Nassars gesehen zu haben, wurde nicht misstrauisch gegen ihn, sondern ver*traute ihrer eigenen Wahrnehmung nicht*. Es konnte einfach nicht sein, es war unvorstellbar, und so entschied sie, nicht sich selbst, sondern ihm zu vertrauen.[22]

An diesem Missbrauchsfall wird deutlich, dass Vertrauen auch von Rollenzuschreibungen abhängt. Es gibt Menschen, denen wir aufgrund ihres Status, ihres Auftretens oder ihrer Ausstrahlung per se mehr Vertrauen entgegenbringen als anderen – und das ist nicht unbedingt gerechtfertigt. Diese Zuschreibung betrifft auch das Geschlecht: Männern wird mehr zugetraut und eher vertraut als Frauen, die allgemein als weniger glaubwürdig gelten (Hartmann 2020, S. 123). Könnte das mit erklären, warum mit Beginn des ersten Lockdowns im März 2020 in den Medien praktisch ausschließlich männliche Experten zu Wort kamen? Erhalten männliche Experten bis heute einen Vertrauens- bzw. Glaubwürdigkeitsbonus?[23]

Nicht immer erhalten Männer einen Vertrauensbonus. Die australische Autorin Kasey Edwards hat in einem Punkt null Vertrauen in Männer und deshalb mit Geburt ihrer ersten Tochter eine eiserne Familienregel eingeführt: Kein Mann, eingeschlossen männliche Verwandte und Freunde, durfte jemals ihre Tochter alleine babysitten. Auch später, bei allen schulischen oder Freizeitaktivitäten blieb es tabu, dass ein Mann unbeaufsichtigt Zugang zu ihrer Tochter hatte, es musste immer sichergestellt sein, dass eine Frau anwesend ist. Grund für diese Maßnahme war der weitverbreitete sexuelle Missbrauch von Mädchen durch Männer, vor dem sie ihre Tochter schützen wollte.[24] Zwar handeln nicht viele Eltern derart drastisch, sind heute aber allgemein mehr denn je bemüht, ihre Kinder von klein an vor Negativem zu bewahren, damit sie keinen Schaden nehmen. Ihr Weltvertrauen und das Vertrauen in ihre Kinder scheinen zu schwinden.

Dies ist auch der Grund, warum einige Eltern ihren Kindern keine Märchen mehr vorlesen: sie thematisieren zu viele Grausamkeiten. Diese Einstellung setzt sich fort, wenn an einigen Universitäten in den USA die Studierenden vor traumatisierenden Unterrichtsmaterialien gewarnt werden sollen. Wenn beispielsweise Ovids Metamorphosen auf dem Lehrplan stehen, sollen Lehrende vor der Lektüre auf die darin beschriebenen Gewaltszenen hinweisen und Studierenden ermöglichen, den Unterricht zu verlassen. Der Campus soll ein sicherer Ort sein. Auch wenn solche Forderungen teilweise rational gut begründet sind, hat die Vermeidung Nachteile: Wenn Menschen diesen Themen ausweichen, verpassen sie die Chance, ihre Kompetenz im Umgang mit dem Schatten zu vergrößern, da diese Geschichten einen breiten Wissensschatz über den Umgang mit zerstörerischen Kräften enthalten. Märchen und Mythen lehren, welche Folgen es haben kann, wenn zu wenig oder zu viel Misstrauen gehegt bzw. zu wenig oder zu viel Vertrauen geschenkt wird.

Nicht nur solche überlieferten Narrative, sondern auch die eigene Welt der Imagination und Fantasie ist wichtig für die Bildung von Welt- und Selbstvertrauen. Laut Bertrand Piccard kann man ein Abenteuer in der Außenwelt nur bestehen, wenn man gleichzeitig die Abenteuerreise in die innere Welt wagt, um Quellen zu entdecken, aus denen man schöpfen kann (Piccard 2014, S. 59). Genau darauf baut beispielsweise das Kinderspital Zürich in der Kinderanästhesie. Dort weiß man, dass man mit Versprechen wie »Es wird alles gut« oder »Du musst keine Angst haben vor der Operation« das Vertrauen der Kinder eher zerstört, insbesondere wenn die Kinder die Verunsicherung ihrer Eltern spüren. Weil man um den Zusammenhang zwischen Angst, Vertrauen und körperlicher Heilung weiß, können Kinder und Eltern seit 2014 vor einer Narkose von Spitalclowns begleitet werden. Diese schaffen es, die Kinder und häufig auch die Eltern in eine magische-spielerische Realität und einen Raum des Vertrauens eintauchen zu lassen. Joy Winistörfer, eine Clownin am Kinderspital Zürich, besucht das Kind vor der Operation und ist häufig auch die erste Person, die im Aufwachraum am Bett sitzt, wenn das operierte Kind wieder das Bewusstsein erlangt. Winistörfer sieht einen Grund für die erstaunliche transformative Kraft ihrer Arbeit darin, dass sie die einzige Person in der Institution Krankenhaus ist, bei der man nicht müssen muss. Sie darf nämlich eingeladen oder weggeschickt werden. Und wenn sie da ist, müssen sich die Kinder nicht zusammennehmen, sondern dürfen *alle* Emotionen rauslassen. Ungewissheit und Angst haben Platz in diesem Frei- und Spielraum, aber auch Sehnsüchte oder Hoffnung. Und die Kinder vertrauen ihr häufig etwas an, was sie zuvor niemandem anvertraut haben – obwohl sie Joy gar nicht kennen. Vertrauen braucht also nicht immer Vertrautheit, sondern kann ganz im Augenblick durch die Qualität der Beziehung möglich werden. Joy Winistörfers Arbeit geschieht ganz im Hier und Jetzt, weshalb sie als Clownin auch Menschen mit Demenz erreicht. Die bunten Farben des Clowns, das gemeinsame Spielen, Musizieren oder Tanzen bringt Betroffene in Kontakt mit ihrer inneren Lebensfreude und ermöglicht eine vertrauensvolle Begegnung, die sich als Lächeln zeigt, als Geste oder sich in einem Gespräch ereignet – ganz im Augenblick.[25]

Imagination, Spiel und das Närrische sind wirkmächtig und können Vertrauen fördern. Deshalb zum Abschluss noch die kurze Geschichte eines in Ungnade gefallenen Hofnarren (Piccard 2014, S. 77). Dieser war von seinem König zum Tode verurteilt worden. Da ihn der König eigentlich gemocht hatte, ließ er ihn seine eigene Todesart wählen, worauf der Hofnarr meinte: »Ich verlange, an hohem Alter zu sterben.« Daraufhin sei er begnadigt worden. Was für eine Kreativität, was für ein Selbstvertrauen![26]

Anmerkungen

1   Sergey Brin (Google) und Jeff Bezos (Amazon) sponsern Forschende an der Northwestern University (USA), die mit fünf unterschiedlichen Methoden versuchen, den Tod zu überlisten. Unter anderem versuchen sie, jene Gene auszuschalten, die für das Altern verantwortlich sind. Bisher gelang es ihnen nur bei Würmern.
2   Wenn sie in Demut geschieht, kann man menschenfreundlicher werden, geschieht sie dagegen resignativ, kann man verbittert, neidisch oder wütend werden.

3   Auch gegen Lebensbedrohungen durch Naturkatastrophen, Tiere, Technik, Terror usw.

4   Darüber haben wir früher nicht wirklich nachgedacht. Eine solche Vertrauensfrage hat sich vor Corona im normalen Alltagsleben selten gestellt. Menschen, die an einer starken Erkältung oder Grippe gelitten haben, sind in der Regel freiwillig auf körperliche Distanz gegangen, um niemanden anzustecken. Die meisten Gesunden haben sich nicht als sehr bedroht erlebt, wenn sie mit einer grippekranken Person in einem Raum waren. Kranke Menschen haben sich zudem nicht schuldig gefühlt, wenn sich eine andere Person bei ihnen angesteckt hat. Das ist unter Covid-19 anders, viele leiden an Schuldgefühlen, wenn sie jemanden angesteckt haben.

5   Der Vertrauensverlust in Impfungen kann m. E. aber auch damit zusammenhängen, dass möglicherweise zu wenig über Nebenwirkungen geforscht oder veröffentlicht wird: So gibt es etwa Stimmen, die einen Zusammenhang zwischen der steigenden Zahl von Autoimmunerkrankungen oder Allergien und Impfungen sehen.

6   Wenn Politikerinnen und Politiker sich treffen, wird häufig gezeigt, dass sie einander lange die Hände schütteln. Diese symbolische Geste soll wahrscheinlich die Friedfertigkeit und Verständigungsfähigkeit andeuten. Auch im Alltag ist der Handschlag nicht nur eine gewohnheitsmäßige Geste, sondern eine Möglichkeit, die andere Person körperlich zu spüren. In der Corona-Situation sind manche froh, nicht mehr die Hand schütteln zu müssen, weil sie diese Berührung unangenehm finden.

7   Eva Illouz sieht den Grund dieser Vertrauenskrise in einer Spaltung des Selbst: Das sexuelle Selbst wird zunehmend vom emotionalen Selbst abgespalten (Illouz 2018, S. 211f.).

8   Im Gegensatz zum gesunden, belebenden Stress.

9   Hinsichtlich der Bedeutung ökonomischer Faktoren für die Gesundheit gibt es Hinweise aus einer japanischen Studie (Schubert mit Amberger 2019, S. 111f.): Bevölkerungsgruppen, die in Zeiten einer Rezession deutliche Einkommensverluste hinnehmen müssen, erleiden im Gegensatz zu Bevölkerungsgruppen mit weiterhin stabilem Einkommen (etwa Beamten) eine gesundheitsschädliche Veränderung ihres Immunsystems. Nachgewiesen wurde auch, dass sich das Immunsystem erholte, nachdem die Probanden wieder Arbeit gefunden hatten. Existenzbedrohliche Verunsicherungen schädigen somit die nationale Gesundheit. Vielleicht ist das mitverantwortlich für die unterschiedlichen Infektionsraten in den europäischen Ländern, denn es existieren länderspezifische ökonomische bzw. soziale Unterschiede und somit länderspezifische Stressfaktoren.

10   Mark Schaller an der Abteilung für Psychologie an der University of British Columbia in Kanada testete die Reaktion von Probandinnen und Probanden auf unterschiedliche Fotos, darunter ein Foto mit einer sichtlich infizierten Person. Nach der Exposition mit diesem Bild produzierten die weißen Blutkörperchen der Probanden signifikant mehr Entzündungsprotein Interleukin 6 (Schubert mit Amberger 2019, S. 104).

11   Das könnte mit erklären, warum so viele Krankenschwestern, Krankenpfleger, Altenpflegerinnen und -pfleger, Ärztinnen, Ärzte und andere in soge-

nannten systemrelevanten Berufen tätige Menschen erkrankt und verstorben sind. Sie waren einem enormen körperlichen Stress (lange Arbeitszeiten, Schutzkleidung etc.) und seelischen Stress (Angst, Überforderungsgefühl, mit ansehen müssen, wie schlimm die Krankheit ist, etc.) ausgesetzt.

12   Eine Ärztin, ein Arzt wird in manchen Situationen nicht nur emotional, sondern auch juristisch verwundbar. Das informelle Vertrauen, das in einem persönlichen Gespräch entstehen kann, muss deshalb heutzutage in vielen Fällen schriftlich, etwa als Behandlungsvertrag, Non-Suizid-Vertrag, Einwilligungserklärung etc. bestätigt werden und wird so zum formellen Vertrauen.

13   Sie beruht auch auf sinnstiftenden Narrativen. So hat der Journalist und Comedian Cedric Schild auf einer Demonstration sogenannte »Coronagegner« überzeugen können, eine Maske zu tragen, um sich vor einem angeblichen Gesichtserkennungsprogramm der Polizei zu schützen und sich dadurch dem Überwachungsstaat zu widersetzen.

14   Für jene, die nicht vertrauen und somit diese emotionale Erfahrung nicht teilen können, ist kaum nachvollziehbar, was in den Bewunderern vor sich geht.

15   Das »Holzschwert« wird im Orient in vielen Varianten erzählt. Es gibt mindestens eine arabische Variante – »Harun al Raschid und der Schmied Basim«. Die Fassung, auf die ich mich beziehe, beruht auf einem jüdischen Märchen aus Afghanistan und Israel (nach Howard Schwartz, Elijah's Violin & other Jewish Fairy Tales, Oxford University Press 1994). Howard Schwartz nennt verschiedene Quellen: In *Elijah's Violin* gibt er als Herkunft Afghanistan an und schreibt u. a.: »From *Otsar ha-Ma'siyot* (Hebrew), volume 5, edited by Reuven ben Yakov Naana (Jerusalem 1961). Collected by Reuven ben Yakov Naana, told by Shlomo Shalem. A variant of this tale, attributed to Reb Nachman of Bratslav, was printed in Jerusalem around 1905 by Rabbi Zwi Dov ben Avraham of Berdichev« (ebd.).

16   In Prediger 3,12–13 heißt es: »Da merkte ich, dass es nichts Besseres dabei gibt als fröhlich sein und sich gütlich tun in seinem Leben. Denn ein Mensch, der da isst und trinkt und hat guten Mut bei all seinen Mühen, das ist eine Gabe Gottes.«

17   Eine 85-jährige Frau beschreibt das so: »Ein bisschen Angst vor dem Tod habe ich schon – jeder hat ein bisschen Angst. Es ist keine schwere Angst [...]. Heute lebe ich. Und ich versuche, gut zu leben. Was morgen ist, weiss ich nicht. Also mache ich mir darüber keine Gedanken. Aber ich bete dafür, dass der nächste Tag gut wird. Das schon« (Kost/Boutellier 2020, S. 137).

18   Eine solche günstige Situation blieb im Frühjahr 2020 Millionen von indischen Tagelöhnern verwehrt. Der durch Covid-19 verordnete Lockdown zwang die Tagelöhner, zu Hause zu bleiben, und führte zur Hungersnot.

19   Das Wort »Treue« bedeutet eigentlich »Vertrauen«, d. h. vertrauensvolle Loyalität. Eine solche Treue als loyales Ausharren und vertrauensvolles Hoffen kennzeichnet eine Einstellung, wie sie der religiöse Mensch Gott gegenüber haben soll (Jung, GW 7, § 296). Das hebräische Wort *emuna* bedeutet gleichzeitig Glaube und Vertrauen (Weinreb 1991, S. 21).

20   Dazu formuliert Paul Tillich: »Wir können Vertrauen in bezug auf unsere

Existenz nur haben, wenn wir unser Vertrauen nicht mehr auf uns selber gründen« (Tillich 2015, S. 112f.).

21   Im Weiteren war das listige Verhalten des Königs für den Schuhflicker zwar existenzbedrohend, aber in weiten Teilen auch wohlwollend und rücksichtsvoll.

22   Das thematisiert auch das Grimm'sche Märchen »Hase und Igel«. Der Hase in besagtem Märchen spürt, dass es beim Wettkampf nicht mit rechten Dingen zugeht, zieht aber nicht die richtigen Schlüsse.

23   Solche geschlechtsspezifischen Unterschiede hinsichtlich der Auffassung von Glaub- und Vertrauenswürdigkeit könnten zumindest teilweise erklären, warum sich im Bundestag viele Männer umdrehen, quatschen und nicht mehr zuhören, wenn eine Parlamentarierin am Rednerpult spricht (Dausend 2020, S. 8). Frauen wird weniger zugetraut, weniger vertraut – was sich auch in respektlosem Verhalten zeigt.

24   Hier fragt sich, was Kasey Edwards Tochter als erwachsene Frau erlebt, wenn sie ganz alleine einem Mann begegnet.

25   Diese Arbeit ist tragischerweise aufgrund der Abstandsregeln unter Coronabedingungen zurzeit nicht möglich.

26   Angesichts des drohenden vollständigen Kontrollverlustes durch die Hinrichtung hat das Selbstvertrauen des Narren – ein Offensein für das Selbst – ihm die rettende Idee geschenkt, und auf diese Weise hat er die Kontrolle über sein Leben zurückgewonnen.

Literatur

Bonder, N. (2014): Der Rabbi hat immer Recht. Die Kunst Probleme zu lösen. 2. Aufl. Carl-Auer, Heidelberg.

Dausend, P. (2020): Wenn eine Frau redet, drehen sich viele Männer um, quatschen, hören nicht mehr zu. In: Die Zeit, 17.9.2020, S. 8.

Haberer, J. / Rückert, S. (2020): Alle Menschen sind Lügner. In: Die Zeit, 27.8.2020, S. 52.

Hartmann, M. (2020): Vertrauen. Die unsichtbare Macht. S. Fischer, Frankfurt a. M.

Horowitz, G. (2012): Der dunkle See. Dreisam Druck, Kirchzarten.

Illouz, E. (2018): Warum Liebe endet. Eine Soziologie negativer Beziehungen. Suhrkamp, Berlin.

Jung, C. G.: Über die Psychologie des Unbewussten. In: GW 7: Zwei Schriften über Analytische Psychologie. Hg. von Niehus-Jung, Marianne / Hurwitz-Eisner, Lena / Riklin, Franz / Zander, Leonie. Sonderausgabe. 6. Aufl. Edition C. G. Jung im Patmos Verlag, Ostfildern 2021, §§ 1–201.

Jung, C. G.: Über Grundlagen der Analytischen Psychologie. Tavistock Lectures (1935). In: GW 18/I: Das symbolische Leben. Verschiedene Schriften. Hg. von Jung-Merker, Lilly / Rüf, Elisabeth. Sonderausgabe. 4. Aufl. Edition C. G. Jung im Patmos Verlag, Ostfildern 2019, §§ 1–415.

Jung, C. G.: Der Schatten. In: GW 9/II: Aion. Beiträge zur Symbolik des Selbst. Hg. von Jung-Merker, Lilly / Rüf, Elisabeth. Sonderausgabe. 5. Aufl. Edition C. G. Jung im Patmos Verlag, Ostfildern 2021, §§ 13–19.

Kast, V. (2010): Der Schatten in uns. Die subversive Lebenskraft. 6. Aufl. dtv, München.

Klingler, W. (2020): Keine nachvollziehbare Corona-Strategie. In: NZZ, 5.9.2020, S. 12.

Kost, M. / Boutellier, A. (2020): Ausleben. Gedanken an den Tod verschiebt man gerne auf später. Christoph Merian, Basel.

Maier, M. (2020): Corona-Impfung: Wer zahlt für mögliche Schäden? In: Berliner Zeitung, 26.08.2020. Im Internet verfügbar unter: https://www.berliner-zeitung.de/wirtschaft-verantwortung/corona-impfung-wer-zahlt-fuer-moegliche-schaeden-li.101215 [Zugriff: 22.5.2021].

Piccard, B. (2014): Die richtige Flughöhe. Wie wir Ballast abwerfen und ein besseres Leben führen können. Piper, München.

Schubert, C. (2015): Psychoeuroimmunologie körperlicher Erkrankungen. In: ders. (Hg.): Psychoneuroimmunologie und Psychotherapie. 2. Aufl. Schattauer, Stuttgart, S. 68–116.

Schubert, C., mit Amberger, M. (2019): Was uns krank macht, was uns heilt. Aufbruch in eine neue Medizin. Das Zusammenspiel von Körper, Geist und Seele besser verstehen. 6. Aufl. Fischer & Gann, Munderfing.

Schwartz, H. (1994): Elijah's Violin & other Jewish Fairy Tales. Oxford University Press, Oxford.

Tillich, P. (2015): Der Mut zum Sein. 2. Aufl. de Gruyter, Berlin.

Von Franz, M. (2019): Archetypische Muster in Märchen. Stiftung für Jung'sche Psychologie, Küsnacht ZH.

Weinreb, F. (1991): Das Ende der Zeit. Vom Sterben und Auferstehen. Thauros, Weiler i. Allgäu.

Fulbert Steffensky

Das Vertrauen und seine kluge Schwester, die Skepsis

Ich habe keine Lust, ständig Hüter meiner selbst zu sein. Darum nehme ich das Risiko des Vertrauens auf mich. Was meine ich mit diesem Bild »Hüter meiner selbst zu sein«? Ich sehe einen Menschen vor mir, der Handwerker im Haus hat und aus Misstrauen ihnen gegenüber sein Haus nicht verlässt, bis die Fremden gegangen sind. Es ist mir zu anstrengend, ständiger Kontrolleur meiner selbst und meiner Welt zu sein. Ich zähle nicht nach, ob das Wechselgeld stimmt, das mir die Verkäuferin gibt. Dem bettelnden Menschen gebe ich mein Geld und frage nicht, ob er vielleicht reich ist und seinen Mercedes in der Nebenstraße stehen hat. Dem Pfarrer, dem ich meinen Jahresbeitrag gebe, vertraue ich und nehme nicht an, dass er ihn heimlich versäuft. »Vertrauen ist gut, Kontrolle ist besser« heißt dieser grässliche Satz, der Lenin zugeschrieben wird. Er verlangt von mir, dass ich mich nur auf das verlasse, was ich nachgeprüft habe und was meiner Nachprüfung standgehalten hat. Ich lebe vergnügter, wenn ich das Leben nicht ständig kontrolliere; wenn ich nicht ständig auf der Hut sein muss; mich nicht ständig wappnen muss gegen die vermeintliche Bosheit der anderen. Auf der Hut sein, statt zu leben! Es ist zu anstrengend und verbraucht zu viel Lebenskraft, ständig auf der Lauer zu liegen und sich im Selbstschutz zu erschöpfen.

Ist es nicht leichtsinnig, dem Handwerker ungeprüft zu vertrauen, dem Arzt zu vertrauen, der mir Medikamente verschreibt, und dem Pfarrer, der mein Opfergeld einsammelt? Ja, es braucht einen gewissen Leichtsinn, Menschen, die man nicht kennt, einen solchen Vorschuss an Vertrauen zu geben. Gewiss wird man dabei gelegentlich betrogen. Aber dieser Leichtsinn gehört zum Charme des Lebens, und dass er gelegentlich bestraft wird, nimmt ihm nichts davon. Ich bleibe einen Augenblick beim Leichtsinn. Dieses leichtsinnige Vertrauen ist eine *virtus creatrix*, eine schöpferische Tugend. Es erschafft die Vertrauenswürdigkeit von Menschen. Sie lernen das Vertrauen, indem man ihnen vertraut. Ich selber lerne vertrauen, indem ich vertraue. Und umgekehrt: Niemand kann vertrauen lernen, wenn ihm nichts anderes entgegenschlägt als Verdächtigungen und Misstrauen. Ein Kind lernt lügen, wenn man bei ihm nichts anderes als die Lüge vermutet. Es lernt stehlen, wenn man bei ihm nichts anderes als Diebstahl vermutet. Also auch das Misstrauen ist schöpferisch: Es erschafft die Gefahren, vor denen man sich durch das Misstrauen feien will.

Ein erstes Plädoyer für das Misstrauen: Das Misstrauen schützt vor Illusionen. Aber es gibt auch ein gütiges Misstrauen, das andere vor sich selbst schützt. Eltern, die ihren Kindern grundsätzlich und unter allen Umständen vertrauen, Partner – welcher Art auch immer –, die in ihren Beziehungen nicht nur vertrauen, sondern vertrauensselig sind, überfordern die Menschen, mit denen sie umgehen. Sie stellen sie unter das Diktat der Vollkommenheit und überfordern sie damit. Aber vollkommen ist niemand und verraten kann jeder. Man muss den Menschen ihre Fehlbarkeit erlauben. Illusionen über sich selbst umgehen die Realität und bereiten die Gruben vor, in die man stürzen kann. Die Vollkommenheitsillusionen in Bezug auf andere sind zum einen eine Selbstüberschätzung, weil man nicht denken kann, dass man selbst ein Opfer des Betrugs werden könnte. Sie sind aber auch gnadenlos gegenüber den anderen, denen man nicht einmal in Gedanken menschliche Fehlbarkeit zumutet und zutraut. Die Liebe ist nicht blind. Wenn sie es ist, dann fehlt ihr etwas, nämlich die Hellsichtigkeit. Ich erinnere mich an die Geschichte eines Freundes. Er liebte und verklärte seine Frau über viele Jahre, bis sich durch einen Zufall herausstellte, dass sie über Jahre ein Verhältnis mit ihrem Chef hatte. Blinde Liebe dient niemandem. Sie ist mutlos, weil sie es nicht wagt, die Zeichen wahrzunehmen, die für die Bedrohung der Beziehung sprechen. Gewiss, es ist besser, zu viel als zu wenig zu vertrauen. Beziehung unter Menschen ist Arbeit, und zu dieser Arbeit gehört zu sehen, was der Fall ist. »Die Wahrheit wird euch frei machen«, heißt es im Johannes-Evangelium (8,32). Es ist schwer, die Illusionen über sich selbst loszuwerden, es ist schwer, die Illu-

56

sionen über den Menschen loszuwerden, den man liebt und schätzt. Natürlich gehören eine Anzahl Illusionen immer zur Liebe. Ich lese im Hohen Lied Salomos im Alten Testament (Kap. 1–4), was die Liebenden übereinander sagen und wie sie die Schönheit des anderen in schöner Realitätsverkennung erfinden.

Der Mann preist seine Freundin:

> Du bist schön, meine Freundin. Deine Augen sind wie Taubenaugen. Dein Haar ist eine Herde Ziegen, die herabsteigen vom Gebirge Gillead. Deine Zähne sind wie eine Herde geschorener Schafe. Deine Schläfen sind wie eine Scheibe vom Granatapfel.

Der Preis der Frau:

> Mein Freund ist weiß und rot und auserkoren unter Tausenden. Sein Haupt ist das feinste Gold. Seine Locken sind kraus, schwarz wie ein Rabe. Seine Beine sind wie Marmorsäulen, gegründet auf goldenen Füßen.

Die Liebenden finden alles aneinander schön. Das deutsche Wort »schön finden« sagt es: Die Liebe sucht unbeirrt so lange, bis sie die Schönheit, den Reichtum, das Rabenhaar und die Taubenaugen gefunden hat. Die Liebe erschafft die Schönheit des Geliebten. Manchmal ist diese Erschaffung eine *creatio ex nihilo*. Die Schönheit ist den Liebenden *nicht* zu eigen. Sie wird ihnen vom Blick der Liebe zugedacht und angesehen. Das ist die Gnade der Liebe, sie ist eine schlechte Buchhalterin, sie fälscht die Gewichte. Soll die Liebe bestehen und erwachsen werden, muss sie lernen, die Gewöhnlichkeit und Durchschnittlichkeit der Geliebten zu sehen und vor ihr nicht zu erschrecken. Sie muss lernen, die Fehler der Liebenden zu entdecken. Sie muss lernen, den Liebenden die Fehlerhaftigkeit zuzugestehen. Sie muss leiden lernen.

Ich will versuchen, die theologischen und humanen Grundlagen des Vertrauens zu bedenken, und beginne mit einer These: Das Leben geht nur, wo Menschen sich risikoreich einander anvertrauen; wo sie also die Abhängigkeit voneinander bejahen und wo sie darauf verzichten, ummauerte Wesen und vollkommene Meister ihrer selbst zu sein. Dies nenne ich mit dem Schweizer Theologen Kurt Marti die Geselligkeit des Lebens (Marti 2010, S. 9). Natürlich gehört Autonomie zur Würde des Menschen, d. h. die Möglichkeit und die Fähigkeit, sich selbst zu bestimmen, also Souverän seiner selbst zu sein. Diese Souveränität haben wir uns erobert gegen viele Throne und Altäre. Wir erobern sie gegen gesellschaftliche Abhängigkeiten und gegen die Diktate der Arbeitswelt. Wir erobern sie gegen innere Abhängigkeiten. Die Würde eines Menschen ist seine Fähigkeit, über sein Leben selbst zu bestimmen. Aber die Autonomie des Menschen besteht nicht darin, nach außen versiegelt zu sein, »als ob man auf einer Insel lebte oder in einem Bunker. Wie wir unser Leben leben und erleben, auch unser inneres Leben, wird tausendfach von anderen beeinflusst. [...] Diese Beeinflussung zwischen Menschen gehört zur Natur einer echten Begegnung, die auch eine Form der Würde ist« (Bieri 2013, S. 67). Wir sind viel weniger Herr im eigenen Haus, als wir annehmen: »Wir sind nicht die Bildhauer unserer Gesichtszüge und nicht Regisseure unseres Ernstes, unseres Lachens und Weinens« (Mercier 2004, S. 143). Ich plädiere hier für eine Abhängigkeit, die die Autonomie des Menschen nicht verletzt, sondern stärkt. Autonomie ist nicht das letzte Ideal, denn ich bin nicht allein auf der Welt und ich gebäre mich nicht selbst. Ich bin abhängig, aber nicht gedemütigt in dieser Abhängigkeit.

Ich bringe einen theologischen Begriff ins Spiel, von dem ich vermute, dass er die humane Grundlage für das ist, was wir Vertrauen nennen, es ist der Begriff Gnade. Das Wort Gnade will ich interpretieren durch zwei kleine Texte, der erste, ein Text von Armin Jure:

Ich habe die Faser nicht gesponnen,
die Stoffe nicht gewebt, die ich am Leibe trage.
Ich habe nicht gelernt,
zu schlachten, zu pflügen und zu säen,

und bin doch nicht verhungert.
Ich kann nicht Trauben keltern
und trinke doch den Wein.
Wer mich ansieht, sieht viele andere nicht,
die mich ernährt, gelehrt, gekleidet,
die mich geliebt, gepflegt, gefördert haben.
Mit jedem Schritt gehen viele Schritte mit.
Mit jedem Dank gehen viel' Gedanken mit.
(Jure 1979, S. 54)

Ich bin mir nicht selbst genug, sagt dieser Text. Ich bin befreit davon, Ursprung meines eigenen Lebens zu sein. Ich bin befreit dazu, ein abhängiges Wesen zu sein. Es sind für mich die Lebensstoffe gewebt, bevor ich anfange zu leben. Das Brot, das ich esse, ist nicht von mir allein gebacken, und der Wein, den ich trinke, ist schon gekeltert. Nicht einmal glauben vermag ich aus mir allein. Er wird möglich durch den Glauben meiner lebenden und toten Geschwister. So sagt es der Text von Kurt Marti:

Glauben?
Hie und da.
Doch ohne den Glauben anderer
Nicht einmal hie und da –
Ich bin, was ich bin, durch andere;
Ich glaube, was ich glaube, dank anderen.
Und so,
mit jedem Atemzug:
Leben aus geselliger Gnade.
(Marti 2010, S. 67)

Vertrauen aus geselliger Gnade! Gnade also heißt – um das schöne Wort von Kurt Marti zu gebrauchen – Geselligkeit. Gnade heißt also nicht, dass da ein großes Wesen ist – Mensch oder Gott –, das mir gewährt, was ich nicht verdient habe. Es ist also nicht ein Begriff, der den Menschen schändet. Er drückt vielmehr eine Grundschönheit des Lebens aus: Ich bin geboren und geborgen, weil sich jemand zu mir lebensfreundlich und gesellig zeigt.

Die Frage nach dem Vertrauen und der Vertrauenswürdigkeit ist nicht nur eine persönliche, es ist eine politische Frage. Vertrauen lernt der Mensch nicht nur von Personen, die vertrauenswürdig sind und die ihm Vertrauen entgegenbringen. Er lernt es auch von den Welten, in denen er lebt. Ich lese in einer wütenden Selbstbeschreibung eines 17-jährigen schwarzen Jungen aus New York (Verfasser unbekannt), dem jedes Vertrauen auf sich und seine Welt ausgetrieben wurde:

Was bin ich?
Ihr habt mich so erzogen, dass ich meine Brüder und Schwestern hasse und ihnen misstraue – Was bin ich?
Ihr sprecht meinen Namen falsch aus und sagt,
ich habe keine Selbstachtung – Was bin ich?
Ihr setzt mir ein verrottetes Schulsystem vor und erwartet,
dass ich mit euch konkurriere – Was bin ich?
Ihr sagt, ich habe keine Würde,
und ihr nehmt mir meine Kultur weg – Was bin ich?
Ihr nennt mich Boy, einen dreckigen, runtergekommenen Strichjungen. – Was bin ich?
…
Ich bin die Summen eurer Sünden.
Ich bin die Leiche in eurem Keller.
Ich bin die unwillkommenen Schwiegersöhne
und Schwiegertöchter und die unerwünschten Kinder.
Ich bin vielleicht eure Vernichtung, aber vor allem bin ich, wie ihr so unverhohlen sagt, euer NIGGER.

Ich will diesen Menschen nicht in seine Erfahrung einkerkern. Er ist noch so lebendig, dass er schreien, sich empören und hassen kann, und so kann er dem stummen Unglück entkommen. Aber die Welt, die er erfährt, legt ihm nahe zu glauben, dass man ihr nicht vertrauen kann. Er fragt nach sich fast wie nach einem Dinge:

60

Was bin ich? Er fragt nicht wie Bonhoeffer im Gefängnis: *Wer* bin ich? Er wird wie ein Ding behandelt, und so verlernt er die Selbstachtung. Er verlernt den eigenen Brüdern und Schwestern zu vertrauen. Er fragt nach seinem Namen, und ehe er sich diese Frage beantworten kann, ist er schon benannt. Sein Name ist Nigger, Boy, Unwillkommener, Leiche im Keller der anderen. Er ist der Würdelose, an dessen Namen man sich nicht erinnert: Ihr sprecht meinen Namen falsch aus. »Ich habe dich bei Deinem Namen gerufen«, heißt es beim Propheten Jesaja (43,1). Dem Namenlosen kann man nicht vertrauen. Der Namenlose kann nicht vertrauen.

Manchmal bringt das Leben die Menschen so weit, dass alle Sehnsucht, alle Hoffnung und jeder Zukunftsglaube gestorben ist. In einem Interview mit einem alten Arbeiter in einer Gießerei lese ich diese Sätze:

> Jeden Abend, wenn ich nach Hause komme, sauer, schlapp, kaputt wie ein Hund, tun mir alle Knochen weh, jeder Muskel ist kraftlos. Unlust ist das einzige Gefühl, welches drückend auf dem Buckel spürbar ist. [...] In der letzten Zeit beschäftigen mich öfter trübe Gedanken. Meine Kräfte schwinden, und bald möchte ich die Klamotten in die Ecke schmeißen. Immer öfter habe ich so ein Gefühl, als ob man mich bald wie einen alten Lappen, mit dem man sich noch einmal die Schuhe putzt, wegschmeißen wird. Ich befürchte sogar, daß mich bald niemand kennen würde, weder mein Meister noch meine Kinder. Leute, woran soll ich glauben! (Werkkreis 1971, S. 41)

Das Leben hat den Arbeiter den Zweifel gelehrt: Woran soll ich glauben? Wem soll ich vertrauen? Der letzte Satz ist wie ein Offenbarungseid nach einem langen Leben voller Schinderei und Mühe: Leute, woran soll ich glauben! Die Hoffnung und der Glaube an die Zukunft sind verflogen mit der Plage eines jeden neuen Tages. Die Mühsal hat die Zuversicht verstört und die Lebensgüte in Zweifel gezogen.

Ein Gegenbeispiel: Ich erinnere mich an die Taufe eines Kindes, dessen Vater Vietnamese war. Die Eltern nannten es Hoa, Blume. Bevor dieses Kind reich, schön und aufgeblüht war, wurde es mit dem Namen der Schönheit genannt: Blume. In den Namen legten sie alle Zärtlichkeit und Hoffnung für das Kind. Sie riefen es mit diesem Namen ins Leben. Sie riefen es in die Schönheit und ins Vertrauen auf das Leben. Sie riefen seine Anmut und sein Zutrauen auf das Leben herbei, die noch nicht erschienen waren, und so bahnten sie ihnen einen Weg. Die Namen, mit denen der schwarze Junge gerufen wird, beschwören seinen Tod: Nigger, Boy, Strichjunge. Wie das kleine Kind ist er schon benannt, ehe er sich einen Namen gemacht hat. Sein Name ist ein Todesurteil, kein Ruf ins Leben.

Wie unsere Kindergärten und Schulen gebaut sind und funktionieren, sagt unseren Kindern, wer sie sind und ob sie dem Leben trauen können. Wie unsere Alten wohnen und leben und wie erwünscht sie in der Gesellschaft noch sind, sagt ihnen noch im letzten Lebensabschnitt, ob das Leben vertrauenswürdig ist und war und welche Lebenssumme sie ziehen sollen. Wie die Arbeitswelten aussehen, ob der Profit wichtiger ist als Menschen, verrät den Menschen, was sie über sich selbst und ihre Welt lernen sollen. Ich habe den Text von Armin Jure zitiert, der davon erzählt, wie er sein Leben anderen verdankt; wie er vom Brot isst, das er nicht gebacken hat, und vom Wein trinkt, den er nicht gekeltert hat. Was von der Güte gilt, gilt auch von der Bosheit. Wir ernten das Unglück, das andere gesät haben. Wir baden nicht nur unsere eigenen Sünden aus, sondern auch die Sünden unserer Väter und Mütter. Beim Propheten Jeremia (31,29) heißt es: »Die Väter haben saure Trauben gegessen. Und den Kindern sind die Zähne stumpf geworden.«

Wir sind viel weniger Herr im eigenen Haus, als wir denken. Ehe wir selbst denken und entscheiden, sagt uns die gebaute Welt schon, was wir vom Leben halten sollen.

Zu unserem Vertrauen, zu unserem Zutrauen zur Gültigkeit des Lebens verhelfen uns Menschen. Unser Vertrauen kann geschändet werden durch Menschen und durch die Gesellschaft, in der wir leben. Aber die Möglichkeit zu vertrauen hängt nicht nur von Menschen ab, die sich als vertrauenswürdig erweisen und erwiesen haben. Sie hängt auch von vertrauten und vertrauenswürdigen Welten ab. Was verstehe ich unter vertrauenswürdigen Welten?

Ich nenne die Natur und die Rhythmen des Lebens, die man wahrnimmt und denen man sich fügt. Ich erzähle eine persönliche Geschichte:

Meine Frau ist mit 73 Jahren gestorben. Ihr Tod war der Untergang meiner alten Welt. Das Leben war fahl und ohne Versprechen geworden. Ich hatte den Appetit auf das Leben verloren. Das Leben wurde linear, ohne Höhepunkte und ohne Tiefpunkte. Ich saß fast täglich eine lange Zeit am Grab, sah die Birke am Grab nicht grünen und hörte die Vögel in ihren Ästen nicht singen. Auf Dauer konnte ich nicht übersehen, dass das Leben weiterging. Die Friedhofsarbeiter um mich versahen ihren Dienst, als ob keine Welt untergegangen wäre. Damit widersprachen sie meinem Weltuntergang. Die Freunde, die mich abends besuchten, sprachen von ihren Berufen und ihren Sorgen und lehrten mich, die Absolutheit meines Schmerzes zu bezweifeln. Der Herbst kam und kümmerte sich nicht um meine Trauer. Der Winter kam und seine kalte Souveränität fragte nicht nach meiner Trauer. Der Frühling kam, die Birke schlug aus und ich hörte plötzlich wieder einen Vogel in ihren Ästen singen, zum ersten Mal wieder. Der Rhythmus des Lebens mit seinem »Alles vergeht« und seinem »Alles kommt wieder« lehrte mich, kleiner zu werden in meinem Schmerz. Er sagte mir nicht, dass alles gut und sinnvoll sei, wie es ist. Er lehrte mich langsam, sehr langsam – alle wichtigen Lehren lernt man langsam –, einen Vers aus dem 104. Psalm nachzusprechen: »Gott, wie sind deine Werke groß und viel.« Der Psalmvers hat meinen Zweifel an der Güte nicht vertrieben. Aber ich kann sie beieinander wohnen lassen – den Satz von der Güte und den Zweifel. Beide sind meine Hausgenossen.

Ein Gedanke nebenbei: Was wird, wenn wir uns die Natur und ihre Rhythmen systematisch unterwerfen; wenn wir Tag und Nacht nicht mehr unterscheiden; nicht mehr Sommer und Winter; nicht mehr Hunger und Sattsein, nicht mehr Kälte und Hitze? Was, wenn die Natur, die große weise Lehrerin, uns nicht mehr erzählt vom Werden und Vergehen, von der Fülle der Schönheit und der Kargheit des Lebens? Die beherrschte Welt ist keine tröstliche Welt mehr.

Der Gang der Dinge also sagt mir tröstend, dass dieser mein Zustand nicht der letzte und endgültige ist, er lehrt mich Vertrauen. Ich nenne hier eine andere Äußerlichkeit, die an meiner Innerlichkeit, damit auch am Vertrauen, baut. Es sind Formen, die den Menschen aufrecht halten und die manchmal stärker sind als der Wille und das Herz. Wir wissen, dass Menschen durcheinander geraten, wenn sie die Struktur der Zeit vernachlässigen; wenn der Tag zur Nacht und die Nacht zum Tag wird; wenn Arbeitszeiten, Verkehrszeiten, Spielzeiten, Essens- und Trinkzeiten durcheinandergebracht werden. Ein Lob der beachteten Zeit finde ich in der Geschichte vom kleinen Prinzen von Antoine de Saint-Exupéry, in der Geschichte vom Fuchs, der gezähmt werden will (Saint-Exupéry 1994, S. 68). Der kleine Prinz verspätet sich bei seinem Besuch beim Fuchs. Dieser sagt:

> Es wäre besser gewesen, du wärest zur selben Stunde wiedergekommen … Wenn du zum Beispiel um vier Uhr nachmittags kommst, kann ich um drei Uhr anfangen, glücklich zu sein.
> Je mehr die Zeit vergeht, umso glücklicher werde ich mich fühlen. Um vier Uhr werde ich mich schon aufregen und beunruhigen; ich werde erfahren, wie teuer das Glück ist. Wenn du aber irgendwann kommst, kann ich nie wissen, wann mein Herz da sein soll … Es muss feste Bräuche geben.
> Was heißt ›fester Brauch‹? sagte der kleine Prinz.
> Auch etwas in Vergessenheit Geratenes, sagte der Fuchs. Es ist das, was einen Tag vom anderen unterscheidet, eine Stunde von den anderen Stunden. Es gibt zum Beispiel einen Brauch bei meinen Jägern. Sie tanzen am Donnerstag mit den Mädchen des Dorfes. Daher ist der Donnerstag der wunderbare Tag. Ich gehe bis zum Weinberg spazieren. Wenn die Jäger irgendwann einmal zum Tanze gingen, wären die Tage alle gleich und ich hätte niemals Ferien.

»Es muss feste Bräuche geben« – »Wenn du aber irgendwann kommst, kann ich nie wissen, wann das Herz da sein soll«: Der Geist verblasst ohne die Gepflogenheit, ihm einen Platz und eine Zeit zu geben. Sitten und Gepflogenheiten verlieren in unserer Gesellschaft immer mehr ihre Selbstverständlichkeit, weil sie nicht mehr von allen oder mindestens von vielen getragen werden. Außerdem vergöttlichen wir die Spontaneität und die sogenannte Authentizität. Sitten scheinen uns kühl und eher eine Lähmung der Spontaneität. Was man aber regelmäßig und langfristig tun will, braucht die Kühle der Gepflogenheit: »Es muss feste Bräuche geben«, sagt der Fuchs.

Ähnlich wie Sitten stützen Formen das Lebensvertrauen, Formen des Umgangs mit anderen und Formen des Umgangs mit sich selbst. Wo man Formen missachtet, da geraten wir unter schwer zu ertragende Subjektivitätszwänge und Originalitätszwänge. Meine alte Kinder- und Jugendwelt war von Formen, Ritualen und Formeln beherrscht. Diese Formen zerbröseln heute oder sind es schon. Verlust der Formen bedeutet Wachstum der Freiheit, zugleich ist der Verlust eine Überbürdung der Subjekte. Ich sage es am Beispiel religiöser Feiern: Wo man in religiösen Feiern die Formen und Einrichtungen grundsätzlich geringschätzt, da geraten die liturgischen Ereignisse unter Subjektivitätszwang. Die agendarischen Vorlagen verlieren ihr Gewicht, liturgische Grundgesten der Gottesdienste (Abendmahlsworte, Segen etc.) werden umformuliert, weggelassen oder frei formuliert. Solche Gottesdienste sind zunächst eine Überbürdung der liturgischen Personen. Wo das liturgische Schema, der absehbare Ablauf, die geprägte Sprache und die liturgischen Sitten nur noch eine geringe Rolle spielen, da verlangt jeder Gottesdienst eine umfangreiche Vorbereitung. Neue Gebete werden formuliert und neue Abläufe müssen ersonnen werden. Man kann sich in nichts fallen lassen und auf nichts berufen und ist ständig gezwungen, Autor zu sein. Das ist ein Nachteil für die geistige Konstitution der Pfarrer und Pfarrerinnen. Sie sind bei ihren liturgischen Handlungen ständig ihre eigenen Zeremonienmeister. Der Zeremoniar kann nicht fromm sein, weil er seinen eigenen Handlungen immer voraus sein muss. Nichts geht von selbst, sozusagen geborgen in der Automatik der vorgegebenen Abläufe. Man ist sich selbst und den liturgischen Verläufen immer einen Schritt voraus, und es ist schwer, im Augenblick geistig anwesend zu sein.

Dieser Subjektivitätszwang ist aber auch zu viel für die feiernde und betende Gemeinde. Sie muss immer wach, aktiv und aufmerksam sein. Gewohnte Abläufe dämpfen die Bewusstheit. Diese ist zwar die Signatur des freien Subjekts, aber es gibt Situationen, in denen man sich und seine Welt in der gläsernen Selbstbewusstheit verlieren kann. Es muss Orte geben, an denen man nicht überwach ist und sich selber nicht zuschaut. In allen Momenten personaler Intensität ist man am meisten anwesend, wenn man sich vergisst. Ich darf nicht zuschauen, wenn ich jemanden küsse. Ich darf mir nicht zuschauen, wenn ich bete oder einen Sonnenuntergang betrachte. Es gibt Situationen, in denen die Selbstbewusstheit nicht intensiviert, sondern zerstört. Die gefügte Form, die Formel, das Ritual retten vor der Überbewusstheit, sie wiegen uns ein in den Geist der Sache. Wenn der Pfarrer, die Pfarrerin, jeden Sonntag mit einer frischen Segensformel kommt; wenn er oder sie die Formel durch die eigene elaborierte Sprache ersetzt, dann kommt jene produktive Bewusstlosigkeit nicht zustande. Dann muss die Gemeinde zu gespannt, zu aufmerksam und zu aktiv sein, und so geht die Kraft der Passivität verloren.

Und noch ein Lob der Formel: Sie erlaubt mir das halbe Herz, wo das ganze noch nicht zu haben ist. Eine der wärmsten Erinnerungen aus meiner Kindheit ist ein Segensgestus meiner Mutter: Wenn wir morgens zur Schule gingen, hat sie uns ein Kreuzzeichen auf die Stirn gemacht, nicht mit großer Ergriffenheit, eher beiläufig, wie sie uns die Brote für die Schule mitgab. Aber ganz beiläufig gab sie uns die Brote nicht. Sie machte uns das Kreuzzeichen mit halbem Herzen, mit halber Aufmerksamkeit, mit halber Intensität. Das halbe Herz aber heißt nicht Halbherzigkeit. Was man regelmäßig und oft tut, tut man nicht jedes Mal in existenzieller Ergriffenheit, man tut es mit halber Ganzheit. Wenn aber eines von uns

Kindern krank war oder für lange aus dem Haus ging und unsere Mutter segnete uns, dann war sie eine wirkliche Künstlerin, und ihr ganzes Herz lag in ihrer Geste. Dies aber konnte sie nur, weil sie lange die große Geste geübt hatte. Ihre tägliche Geste war ein Mittelding zwischen Übung und Ernstfall. Der Ernstfall aber kann nur bewältigt werden, wenn man lange geübt hat. Man kann sich seine Gesten und seine Sprache im Ernstfall nicht erfinden, so wie man nicht schwimmen lernen kann, wenn man am Ertrinken ist. Die meisten religiösen Gesten, die man täglich oder doch regelmäßig versucht, gelingen uns nur halb – der Psalm, den man täglich betet, die Losungen, die man am Morgen liest; das Tischgebet oder der regelmäßige Gottesdienst. Man singt, betet und bekreuzigt sich mit halber Intensität. Man muss es lernen, mit dieser Halbheit einverstanden zu sein. Nur so gelingt die Ganzheit, die man in den Stunden der Not und des Glücks braucht.

Ich erinnere mich daran, wie in unserer Familie das Tischgebet für einige Zeit zum Erliegen kam. Als unsere Kinder älter und aufmüpfiger wurden, fingen sie an, unser Tischgebet zu kritisieren. »Ihr betet immer das Gleiche!«, sagten sie. »Denkt ihr euch eigentlich etwas dabei?« Und sie beschlossen, das Tischgebet selber in die Hand zu nehmen. Vor der dünnsten Suppe gab es die reichhaltigsten Gebete frisch aus der Hausbäckerei. Dies aber konnte niemand durchhalten, und so ermatteten wir an unserer eigenen Ernsthaftigkeit. Man muss die eigenen religiösen Versuche auch mit Humor betrachten können. Man muss es lernen, das eigene halbe Herz auszuhalten, wenn das ganze noch nicht zu haben ist.

Es geht nicht darum, sich selber wieder loszuwerden, das eigene Gewissen, die eigene Sprache und das eigene Herz zu verlieren an bannende Orte, Zeiten, Institutionen und heilige Mechanismen. Es geht nicht darum, weniger zu werden als man ist. Es geht darum, mehr zu werden, als man von sich aus sein kann. Und so sucht man sich Verbündete für die Seele: die »Äußerlichkeiten« der Räume, der Rhythmen, der Bauten, der Formeln, der Gesten und Rituale. Es ist eine Flucht in die Fremde, die uns mehr werden lässt, als wir sind, nicht weniger. Man baut sich von außen nach innen.

Ich komme in diesem letzten Teil zum Vertrauen und Glauben in der Religion. Vertrauen oder inhaltlich verwandte Begriffe durchziehen die Bibel, die Gottesdienste, die Predigten und die Alltagsfrömmigkeit. Auf alten Häusern finden sich Sätze wie dieser: »Wer auf Gott vertraut, hat auf festen Grund gebaut.« Besonders in den Kirchenliedern drückten Menschen ihr Vertrauen auf Gott aus und übten es damit ein. Sie sangen: »Es kann mir nichts geschehen, als was er hat ersehen« (GB 368), und: »Was Gott tut, das ist wohlgetan« (GB 372); ihm musst du trauen, »wenn dir's soll wohlergehen« (GB 361). Mit »eigenen Sorgen und mit Grämen und mit selbsteigener Pein lässt Gott sich gar nichts nehmen, es muss erbeten sein« (GB 361). »Und wenn die Welt voll Teufel wär« (GB 362), so ist unser Gott die feste Burg, in der wir geborgen und frei von aller Not sind. Der Grundzug aller religiöser Sprache und Gesten – vielleicht nicht so sehr in der elaborierten Theologie, aber in der Frömmigkeit des Volkes – ist Vertrauen, Ermunterung zu Vertrauen, Aufruf zum Vertrauen, Mahnung vor Misstrauen und Zweifel. Der Glaube selber ist kein abstraktes Fürwahrhalten, sondern das Vertrauen darauf, dass nichts im Leben verloren geht. Dieses Vertrauen gehört zum trotzigen Reichtum der Menschen. Vielleicht ist Vertrauen so sehr betont, weil es nicht selbstverständlich ist und weil so viel gegen das Weltvertrauen spricht. Ich frage nicht zuerst nach der Richtigkeit und Adäquatheit des trotzigen Vertrauens, ich frage zuerst nach seiner *Würde und Schönheit* und suche mir eine Zeugin für diese Würde und Schönheit. Theologische Fragen und Antworten werden dort ernsthaft und bleiben nicht ein akademisches Sprachspiel, wo der Mund von gequälten und hungrigen Menschen sie stellt und wo hellhörige Ohren die Antwort hören.

Nun die Geschichte meiner Zeugin, eine Geschichte, bei der einem nichts anderes übrig bleibt, als zu glauben oder nicht zu glauben, nicht aber ihr gegenüber neutral zu bleiben. Ich finde sie bei Carlos Mesters, einem brasilianischen Befreiungstheologen (Mesters 1982, S. 122). Es ist die Geschichte von Teresinha, einer Frau aus dem brasilianischen Bergland. (In das Gesicht dieser Frau kann ich hineinlesen das Gesicht der alten Frau, die in Hamburg-Altona mit hungrigen Augen vor ihrem Fernseher sitzt; die Gesichter der Zwangsprostituierten in unserem Land und die Gesichter aller hungernden Kinder.) Das Kind der Teresinha war erst wenige Monate alt und schwer krank. Sie ging zu einem Arzt, der die Behandlung verweigerte. Sie ging von Krankenhaus zu Krankenhaus, aber sie hatte nicht die richtigen Papiere und wurde abgewiesen. Schließlich stirbt das Kind in ihren Armen. Einmal erzählt diese Frau die Geschichte des Sterbens ihres Kindes einer Nonne, und diese antwortet ihr: »Wie können Sie das nur aushalten, so zu leiden?« Teresinha antwortet: »Ich weiß nicht, Schwester. Wir sind arm, wir wissen nichts. Das Einzige, was für uns übrig bleibt in dieser Welt, ist leiden. Lassen sie nur, Schwester, eines Tages wird sich das ändern! Gott hilft Leuten wie uns.«

»Eines Tages wird sich das ändern!«, sagt die Frau. »Den Tod vernichtet er für immer«, sagt Jesaja (25,8). »Gott hilft Leuten wie uns«, sagt die Frau. »Gott wird abwischen alle Tränen von ihren Augen«, heißt es im letzten Buch der Bibel (Offenbarung 21,4). Die Frage, was Erlösung bedeutet und ob man auf sie hoffen kann, kann ich nicht abstrakt beantworten. Ich könnte es nicht in der Bibel lesen, wenn ich es nicht aus den Worten dieser Frau lese. Die Frau in ihrem Schmerz und in ihrer Hoffnung ist meine Zeugin. Ich verstände sehr gut, wenn sie verstummte oder wenn ihre Sprache bescheiden würde und wenn sie nur noch sagte: »So ist das Leben! Das Kind ist tot, und mehr hat unsereins nicht zu erwarten.« Aber sie hat keinen Grund, so bescheiden zu sein. Sie geht mit ihrer Hoffnung aufs Ganze und sagt: »Eines Tages wird sich das ändern. Gott hilft Leuten wie uns.«

Was mich in die Sprache und in den Glauben dieser Menschen mit ihrer verrückten Hoffnung lockt, ist zunächst ihre Schönheit. Es ist schön und menschenwürdig, dass ein Mensch sich die Hoffnung nicht verbieten lässt; dass sie einen neuen Himmel und eine neue Erde erwartet, in der sie nicht mehr ein erniedrigtes und beleidigtes Geschöpf ist. Ich finde den dickköpfigen Stolz der Frau schön, in dem sie ein Land erwartet, in dem »das Frühere vergangen« ist. Etwas schön zu finden, ist übrigens die erste und vielleicht kräftigste Verlockung zum Glauben. Diese Schönheit lehrt mich, unzufrieden zu sein mit der unterernährten Vernunft, die nur sagt, was zu sagen ist. »Gott erlöst sein Volk« – diesen Satz kann die Vernunft nicht sagen. Es ist auch nicht ihre Sache, ihn zu sagen. Es ist Sache der Hoffnung der gequälten Wesen, die verlangen, erlöst zu werden aus ihrer Qual.

Das eigene Herz ist zu klein für die Hoffnung auf die endgültige Bergung des Lebens. Man muss Zeugen haben. Der Glaube jener Teresinha bewahrheitet den Glauben daran, dass die Opfer nicht Opfer bleiben und endgültig verspielt haben. Ich versuche, meinen Glauben oder mein Weltvertrauen zu nennen, und ich stelle fest, dass ich dies dauernd in fremder Sprache tue. Ich zitiere Jesaja, wenn ich auf das Land hoffe, »aus dem die Seufzer geflohen sind«. Ich zitiere die Apokalypse, wenn ich behaupte: »Der Tod wird nicht mehr sein, noch Leid, noch Geschrei, noch Schmerz« (21,4). Man sucht sich Zeugen für die Hoffnung. Der Glauben geht Umwege, er glaubt nicht hauptsächlich »etwas«. Glauben heißt, den Zeugen ihren Glauben zu glauben. Welch ein Glück, dass ich eine Fremdsprache für meinen Glauben habe! In der fremden Sprache, in den Geschichten und den Bildern von gestern berge ich meinen Glauben unter der Maske der Toten. Ich stehe nicht allein, nicht einmal für mein Weltvertrauen und meine Hoffnung. Ich benutze die Sprache meiner lebenden und toten Geschwister, und ich benutze damit auch ihren Glauben. In den Formeln und in der fremden Sprache der Zeugen springe ich weit hinaus über mein eigenes Sprachvermögen. Ich spiele den Clown in der Sprache der anderen, und ich lese die Hoffnung ab von ihren Lippen. Wie buchhalterisch ist das Bestehen darauf, alles vor dem »eigenen Gewissen« allein verantworten zu wollen. Mein Herz verantwortet nicht die Sprache, die die Auferstehung der Toten und den Sturz der Tyrannen nennt. Oft genug spricht man die fremden Sätze gegen das eigene Herz. Ich bin nicht alleiniger Autor meines Vertrauens in die Welt und ins Leben. Ich flüchte in die Sprache meiner lebenden und toten Geschwister und hoffe, wünsche und vertraue unter der Maske ihres Welt- und Gottvertrauens, mit Kurt Marti gesprochen: Geselliger Glaube. Meine Freiheit: Ich bin Souverän meines Glaubens. Mein Trost: Ich bin nicht gezwungen, mein einsamer Meister zu sein.

Literatur

Bieri, P. (2013): Eine Art zu leben. Über die Vielfalt menschlicher Würde. Hanser, München.

Jure, A. (1979): Wir stehn auf dünner Erdenhaut. Lutherisches Verlagshaus, ‚Hannover.

Marti, K. (2010): Die gesellige Gottheit. Ein Diskurs. Radius, Stuttgart.

Mercier, P. (2004): Nachtzug nach Lissabon. Hanser, München.

Mesters, C. (1982): Die Botschaft des Leidenden Volkes. Neukirchener Verlag, Neukirchen-Vluyn.

Saint-Exupéry, A. (1994): Der kleine Prinz. Mit Zeichnungen des Verfassers. Ins Deutsche übertragen von Grete und Josef Leitgeb. Karl Rauch, Düsseldorf.

Werkkreis (Hg.) (1971): Ihr aber tragt das Risiko. Reportagen aus der Arbeitswelt. Rowohlt, Reinbek bei Hamburg.

ARMIN NASSEHI

In God we trust, all others pay cash
Wem und was vertrauen wir in der digitalen Gesellschaft?*

Mein Vortrag heißt »In God we trust, all others pay cash«. Den ersten Teil dieser Sentenz kennen Sie, er steht auf der Rückseite des 1-Dollar-Scheins in den USA. Dass »all others cash« zu »payen« haben, steht da nicht. Aber das wird ja performativ mitgeliefert. Mit dieser Formulierung »In God we trust, all others pay cash« ist fast schon eine Spannung beschrieben, wenn man – zumindest als Soziologe – über Vertrauen sprechen möchte: die Spannung zwischen einem Vertrauen, das eine Art von Vorschuss darstellt, auf der einen Seite und auf der anderen Seite ist es ein Vorschuss, der sich in der Situation auch bewähren muss. Übrigens, ein Geldschein ist ein sehr schönes Beispiel dafür, weil der Geldschein selbst ja nicht den Wert besitzt, für den er steht. Und wir vertrauen dem Geldschein, auch wenn wir wissen, wie Zentralbanken funktionieren, und obwohl wir wissen, dass der Wert des Geldes vor allem davon abhängig ist, dass die meisten, die mit dem Geld umgehen, auch an diesen Wert des Geldes glauben.

Ich werde explizit aus soziologischer Perspektive argumentieren, und das in genau fünf Schritten tun. Zunächst einmal werde ich die Frage zu beantworten versuchen: Was ist eigentlich Vertrauen? Worüber sprechen wir aus soziologischer Perspektive, wenn von Vertrauen die Rede ist? Zweitens werde ich die Frage zu beantworten versuchen, wie Vertrauen schwindet, und werde im dritten Punkt das diskutieren, was ich die Paradoxie der Vertrauenskom-

---

* Hinweis: Dieser Text ist nicht das Vortragsmanuskript, sondern eine Abschrift des frei gehaltenen Vortrags. Es wurden nur kleine Korrekturen vorgenommen, der Duktus der freien Rede wurde beibehalten.

munikation nenne. Ich werde nachher erläutern, was ich darunter verstehe. Die letzten beiden Punkte werden sich explizit mit Digitalisierungsfragen beschäftigen: Im vierten Punkt geht es um Vertrauen in eine digital vermittelte mediatisierte Form von Kommunikation, und schließlich im fünften um Vertrauen in digitalisierte Entscheidungen.

Ich beginne mit der Frage: Wovon reden wir soziologisch, wenn wir von Vertrauen reden? Üblicherweise beginnen soziologische Vorträge zum Thema mit der berühmten Definition von Niklas Luhmann, dem systemtheoretischen Soziologen, Vertrauen sei ein Mechanismus zur Reduktion von Komplexität. Das soll heißen: Vertrauen bedeutet, dem Bild von der Welt, das wir haben, zu trauen, obwohl wir wissen, dass sich die Dinge erheblich komplexer darstellen bzw. verhalten, als wir sie sehen. Und wir müssen gleichzeitig die Komplexität der Welt ausblenden, damit wir uns innerhalb dieser Welt begegnen können. Ein einfaches Beispiel aus dem urbanen Alltag: Wir begegnen im urbanen Alltag vielen Menschen. Wir begegnen Menschen, die wir noch nie gesehen haben, die für uns Fremde sind. Und die Handlungskoordination mit diesen Menschen klappt vergleichsweise gut. Ich setze mich abends in einen U-Bahn-Waggon, und es ist womöglich nur eine einzige andere Person anwesend, der ich mich womöglich vollständig ausgeliefert fühle. Und ich tue es trotzdem. Das ist ein Mechanismus zur Reduktion von Komplexität. Ich habe ein Grundvertrauen; erstens in das Setting, zweitens in die Person, obwohl ich sie gar nicht kenne. Würde ich dagegen die Komplexität der Situation tatsächlich in meinem Kopf hin und her wiegen, kämen Fragen auf wie: Ist das wirklich eine U-Bahn? Fährt sie in den Tunnel hinein? Wird sie auch wieder hinausfahren? Was ist das eigentlich für eine Person? Die ist größer als ich. Das ist bei meiner Größe keine Kunst, aber womöglich ist sie sogar stärker als ich, womöglich hat sie unlautere Absichten, womöglich will sie mir an Leib und Leben usw., usw. Wenn ich darüber nachdenke, verliere ich das Vertrauen in die Situation. Und ich würde mich womöglich nicht trauen oder zumindest nicht mit vergleichsweise gelassenem Gefühl trauen, mich in solch einen U-Bahn-Waggon zu setzen. Man könnte viele solcher alltäglicher Beispiele nennen. Alle unsere Tätigkeiten, die wir in unserem normalen Alltag verrichten, sind darauf angewiesen, dass wir vertrauen können.

Hier noch ein anderes Beispiel aus dem Verkehrsbereich: Sie kennen alle die Rechts-vor-links-Regel. Und Sie wissen auch, dass Menschen nicht perfekt sind. Wir vertrauen trotzdem darauf, dass die Rechts-vor-links-Regel nicht nur juristisch nach der Straßenverkehrsordnung gilt, wir vertrauen auch darauf, dass andere Verkehrsteilnehmerinnen und -teilnehmer diese Regel auch kennen. Und wir vertrauen darauf, dass die Kenntnis dieser Regel sich in deren Verhalten niederschlägt. Nur deshalb können wir uns im Straßenverkehr als Autofahrer, Fahrradfahrerin oder auch Fußgänger einigermaßen sicher bewegen. Wieder ein sehr simples Beispiel für die Feststellung, dass das Voraussetzungsreiche einer solchen Situation letztlich gar nicht mitgesehen werden kann und darf, damit man durch die Situation hindurchkommt.

Ein drittes Beispiel: Wir alle sind irgendwann sicherlich Patientinnen und Patienten gewesen. Was müssen wir für ein Vertrauen in die Welt haben, um uns im Krankenhaus als Menschen, die womöglich gleich operiert werden, freiwillig sedieren zu lassen, wohl wissend, dass dann Menschen mit scharfen Messern an uns herantreten und etwas tun, was, wenn sie es falsch machen, uns das Leben kosten könnte! Das ist eigentlich eine selbstverständliche Situation, der wir uns aussetzen. Die Definition, dass Vertrauen ein Mechanismus zur Reduktion von Komplexität ist, heißt also, dass Vertrauen, soziologisch gesehen, die Funktion hat, die meisten Eventualitäten nicht nur nicht eintreten zu lassen, sondern sie auch aus der unmittelbaren Vorstellung zu verbannen.

Man muss sich einmal Kommunikationsprozesse ohne den Vertrauensmechanismus vorstellen: Kommunikation, das wissen wir, wird einfacher, wenn man Enttäuschungsgefahren minimieren kann. Enttäuschungsgefahren sind Erwartungen, dass unsere Erwartungen womöglich nicht erfüllt werden. Stellen Sie sich vor, Sie sprechen jemanden an, und Sie tun dies mit einem ganz bestimmten Risikobewusstsein. Kommunikationsprozesse zeichnen sich ja dadurch aus, dass man zwar einigermaßen kontrollieren kann, was man selber sagt, aber man kann kaum kontrollieren, was denn das Gegenüber zu dem, was man gesagt oder getan hat, als Response bereithält. Ich frage also jemanden nach etwas und erwarte, dass die Kommunikation in irgendeiner Weise der Struktur folgt, die in der sozialen Situation definiert ist. Ich frage z. B. jemanden: »Weißt du, wie ich zum Bahnhof komme?« Und ich erwarte, dass derjenige mir sagt: »Wenn du in München-Neuhausen wohnst, musst du mit der U1 vier Stationen fahren, um zum Bahnhof zu kommen.« So eine Antwort würde ich erwarten. Aber der Mensch könnte auch etwas ganz anderes sagen und meine neue Frisur kommentieren, er könnte mich beleidigen, er könnte mich angreifen, er könnte auch Dinge sagen, mit denen ich im Moment gar nichts anzufangen weiß: »Hast du eigentlich in letzter Zeit deine Sünden gebeichtet?« Als guter Katholik muss ich leider sagen: »In letzter Zeit nicht so richtig.« Und interessanterweise vertrauen wir der Situation, dass die Auswahl der nächsten Handlung in das Muster passt, das wir uns von gesellschaftlichen Strukturen machen.

Wir werden im vorletzten Punkt darauf zurückkommen, wie schwierig es ist, solche Online-Vorträge zu halten wie jetzt. Es ist zwar jetzt nicht irgendwie schwierig, aber anders als sonst: Die einzige Person, die ich im Moment auf diesem Bildschirm sehe, bin ich selbst. Sie kommen nur als Kacheln mit Namen vor, und die allermeisten von Ihnen noch nicht einmal so. Ich weiß gar nicht, in welche Gesichter und welche Köpfe ich hineinrede – was ich natürlich auch nicht weiß, wenn ich in einem Hörsaal oder Vortragssaal stehe. Hier am Bildschirm habe ich zumindest einen Eindruck davon, dass Sie dort sitzen, mir nicht feindselig gegenüberstehen und eine Benutzeroberfläche in Ihrem Gesicht haben, die so aussieht, als würden Sie mir zuhören. Wirklich wissen tue ich das alles jetzt nicht. Und das macht die Situation ein bisschen komplizierter. Vertrauen beinhaltet also das Risiko, dass andere anders reagieren, als ich mir das vorstelle.

Ein weiterer Aspekt ist, dass Vertrauen etwas mit Wissen zu tun hat. Das ist übrigens in der Covid-Krise ein außerordentlich wichtiges Thema. Was hat Vertrauen mit Wissen zu tun? Wenn es stimmt, dass Vertrauen ein Mechanismus zur Reduktion von Komplexität ist, dann bedeutet das ja gleichzeitig, dass man Vertrauenssituationen daran erkennen kann, dass ich nicht alles wissen will. Stellen Sie sich also einmal vor, Sie fahren auf eine Dienstreise, sind drei, vier Tage unterwegs und Ihr Partner oder Ihre Partnerin zu Hause möchte über jede Minute, die Sie in diesen Tagen verbracht haben, ein Protokoll angefertigt sehen und eine stimmige Geschichte hören. Das ist ein Hinweis darauf, dass Ihr Partner oder Ihre Partnerin Ihnen nicht vertraut, ganz abgesehen davon, dass man so eine stimmige Geschichte auch erfinden kann. Aber üblicherweise würden wir sagen: Vertrauen besteht darin, dass ich mir nicht über jede Minute ein Protokoll vorlegen lasse. Und ein moderner Alltag besteht ja tatsächlich darin, dass wir die meisten Dinge, mit denen wir zu tun haben, überhaupt nicht wissen bzw. wenig Wissen darüber haben, was denn da eigentlich stattfindet. Alle von Ihnen sind bestimmt schon einmal mit einem Flugzeug geflogen, und Sie haben keine Ahnung davon, wie das eigentlich funktioniert. Sie erinnern noch so ein paar Dinge aus der Schule, die mit Auftrieb und ähnlichen Geschichten zu tun haben, mit der Strömungsgeschwindigkeit an den Tragflächen usw. Aber wir vertrauen, dass das Ding fliegt, obwohl wir keine Ahnung davon haben. Und es fliegt ja auch meistens. Wir vertrauen sogar darauf, dass im Cockpit vorne kein Soziologe sitzt, sondern tatsächlich ein Pilot. Und wir können noch nicht einmal überprüfen, ob der auch wirklich fliegen kann, weil wir dem Flugschein, den wir uns zeigen lassen, auch vertrauen müssten, weil wir gar nicht wissen, wer ihn ausgestellt hat. Den kann man heute mit den technischen Mitteln, die wir alle haben, durchaus relativ einfach fälschen.

Ich will damit sagen, dass Vertrauen nicht dadurch hergestellt wird, dass wir alles wissen, sondern in der Situation entsteht, in der wir in der Lage sind, auf zu explizites Wissen zu verzichten. Die gegenwärtige Covid-Krise ist deshalb auch eine Vertrauenskrise in

Expertise, in Wissenschaft, in Entscheidungsfähigkeit von Verant-wortlichen, weil wir erleben, dass wir einerseits alles genau wissen wollen, uns andererseits aber ausreichendes oder eindeutiges Wissen nicht zur Verfügung steht. Das ist vielleicht die demütigendste Erfahrung in dieser Krise. Ohnehin gilt: Wissenschaft kann nur selten wirklich eindeutiges Wissen vermitteln, aber wir wollen dieses eindeutige Wissen im Moment, um Vertrauen zu haben, stellen dann aber fest, dass das eindeutige Wissen, wenn es das denn gäbe, womöglich dieses Vertrauen gar nicht herstellen würde, weil es ja kompensiert, dass wir kein Vertrauen in die Experten haben.

Soweit der erste Punkt. Ich hoffe, es ist deutlich geworden, was ich unter Vertrauen verstehe. Vielleicht noch ein Aspekt: lebens-weltliches Verhalten. Darunter verstehen wir in der Soziologie ein Verhalten, das sich im Alltag habitualisiert. Wir befragen üblicher-weise unseren Alltag nicht danach, wie er denn genau funktioniert, sondern die meisten Handlungen, die wir an den Tag legen, sind so habitualisiert, dass wir darüber nicht genau nachdenken müssen. Wir wissen, was wir in bestimmten Situationen zu tun haben. Wir wissen, wen wir worauf ansprechen können. Wir wissen ungefähr, wie die Dinge funktionieren. Wir vertrauen eigentlich den Struk-turen unserer Lebenswelt. Beispiele, an denen man das deutlich machen kann, habe ich vorhin schon genannt: Wir begegnen Fremden und halten sie nicht für bedrohlich. Wir schreiben Lie-besbriefe und schmeißen sie in gelbe Kästen und gehen davon aus, dass diesen Brief nur eine einzige Person auf der Welt zu lesen be-kommt, dass er bei dieser Person auch tatsächlich ankommt – so-weit Liebesbriefe überhaupt noch geschrieben werden. Wir haben Bargeld, gehen zur Bank, geben das Geld ab und bekommen einen von Hand ausgefüllten kleinen Zettel und vertrauen darauf, dass dieses Geld unserem Konto gutgeschrieben wird. Wir machen den Bildschirm an und sehen, dass sich die Zahl auf unserem Konto nach oben geändert hat, da wir Geld eingezahlt haben, und ver-trauen, dass das wirklich Geld ist, das uns ausgezahlt werden kann. Das ist ein lebensweltlicher Vertrauensvorschuss, in dem die Struk-turen der Gesellschaft deutlich werden. Wahrscheinlich ist das, was man in der Psychologie Urvertrauen nennt, soziologisch gesprochen dieser lebensweltliche Vertrauensvorschuss. Dieser ist nicht einfach da, sondern ich muss ihn erleben, und zwar dadurch, dass ich es mit einem Gegenüber – oder einem meiner vielen Gegenüber – zu tun habe, das mir die Welt, wie sie ist, mehr oder weniger bestätigt.

Und dies führt natürlich zum zweiten Punkt, der da heißt: *Wann schwindet Vertrauen?* Dazu kann man nach dem, was ich bis jetzt gesagt habe, zwei Antworten geben, die sich daraus gewissermaßen logisch ergeben. Die eine: Wenn man zu viel weiß. Die zweite: durch Enttäuschung. Transparenz ist etwas, das wir in Konflikten gerne einfordern; wir wollen alles über eine Situation wissen. Wer so etwas einfordert, hat kein Vertrauen. Und umgekehrt: Wer vollständige Transparenz über etwas hat, kann womöglich kein Vertrauen mehr haben. Es hört sich widersinnig an, aber es gibt Evidenz darüber, dass diejenigen den Strukturen und ihren Mitmenschen am ehesten trauen, die am wenigsten auf Transparenz bestehen. Das Beispiel mit dem Partner oder der Partnerin, das ich vorhin genannt habe, haben Sie vielleicht noch im Kopf. Vollständige Transparenz brauche ich eigentlich nur, wenn – und das ist nun die zweite Antwort – Enttäuschungen vorliegen. In der kriminologischen Forschung etwa gibt es sehr stabile empirische Ergebnisse in Bezug auf die Frage, wann Menschen das Grundvertrauen in ihre lebensweltliche Situation verlieren. Wohnungseinbrüche sind z. B. solche Situationen, also auch Ereignisse, bei denen Menschen gar nicht persönlich körperlich oder psychisch in einer Situation bedroht worden sind. Es reicht schon die Tatsache, dass jemand in meiner Abwesenheit in meiner Wohnung war und diesen eigentlich unverletzlichen Raum verletzt hat. Das lässt das Vertrauen in diesen Raum erheblich sinken. Bei anderen Delikten ist dies natürlich noch sehr viel stärker, etwa bei Gewaltkriminalität, bei Vergewaltigungen, wie wir aus der Forschung wissen. Wir kennen das – und das wissen Sie natürlich viel besser als ich – im Hinblick auf Erfahrungen, die wir mit Strukturen machen, die uns tatsächlich Misstrauen nahelegen.

Verschwindet das Vertrauen in jedem Fall, wenn Erwartungen enttäuscht werden? Interessanterweise ist das Vertrauen für soziale Ordnung außerordentlich wichtig. Es muss auch in solchen Situationen stabilisiert werden, in denen das Vertrauen enttäuscht wurde. Noch einmal ein Beispiel aus dem Straßenverkehr. Übrigens: Der Straßenverkehr sieht aus wie ein Nebenthema, aber man kann an ihm viel lernen, weil dort Handlungskoordination unter Fremden stattfindet, die sich wechselseitig nicht gesucht haben und wo es ein relativ klares Regelwerk gibt, wobei wir zugleich sehr von unserem Gegenüber abhängig sind. Deshalb ist der Straßenverkehr ein sehr schönes Beispiel für die Beschreibung von Handlungskoordination: Wir machen im Straßenverkehr durchaus die Erfahrung, dass andere sich oftmals nicht so verhalten wie gewünscht (von uns selbst ganz zu schweigen). Trotzdem gehen wir mit einem vergleichsweise stabilen Vertrauen jeden Tag wieder zurück in solche Straßenverkehrsprozesse. Das heißt, ob Vertrauen herrscht oder nicht, hängt sogar davon ab, wie viel Enttäuschungserfahrung wir doch auszuhalten in der Lage sind, d.h. wie viel Enttäuschungstoleranz herrschen kann, um das Vertrauen in eine Struktur nicht vollständig zu verlieren.

Wahrscheinlich unterschätzen wir die Bedeutung dessen, was ich soziologisch kalkulierbare Lebenswelten nennen will. Empirische Forschung zeigt uns ziemlich genau, dass das Vertrauen, zumindest das explizit gemachte Vertrauen in öffentliche Strukturen, in Experten, in Eliten, in bestimmte Berufe mit Klientenkontakt in den letzten Jahrzehnten eher gesunken als gestiegen ist. Nur in Parenthese formuliert: So sehr etwa das Vertrauen in medizinische Expertise gesunken ist, so sehr wächst sie im Einzelfall, wenn ein Betroffener unmittelbar auf einen Arzt oder eine Ärztin angewiesen ist. Vertrauensverlust scheint also manchmal eher eine abstrakte semantische Form zu sein, die wir in konkreten Situationen vergessen können, in denen man auf das Gegenüber schlicht nicht verzichten kann.

Wir unterschätzen, wie ich eben gesagt habe, die Bedeutung kalkulierbarer Lebenswelten. Wenn es tatsächlich stimmt, dass das

Vertrauen in unsere gesellschaftlichen Strukturen kleiner geworden ist, wenn es weiterhin stimmt, dass wir trotz hohen Lebensstandards so etwas wie einen allgemeinen gesellschaftlichen Vertrauensverlust beobachten müssen, dann lohnt es sich natürlich, die Frage zu stellen, was denn eigentlich Vertrauen in kalkulierbaren Lebenswelten herstellt. Wir sind zurzeit gesellschaftlich in einer Umbruchsituation, in der das klassische Modell der Industriegesellschaft, das der britische Historiker Eric Hobsbawm einmal ein »Goldenes Zeitalter« genannt hat – die Zeit nach dem Zweiten Weltkrieg in Westeuropa und auch in Nordamerika – zu Ende zu sein scheint. Es war eine Gesellschaft, in der die Volatilität einer dynamischen Ökonomie mit einem Institutionenarrangement verbunden werden konnte, sodass biografische Sicherheit, Lebensplanung, Wohlfahrt und relative Konfliktlosigkeit erreicht werden konnten. Es war möglich, langfristige Ziele zu formulieren und auch durchzusetzen. Es war möglich, durch eigene Leistung so etwas wie sozialen Aufstieg zu erreichen. Es war möglich, im politischen Raum mit relativ wenigen Mitteln rauszukriegen, wer die »Guten« und wer die »Bösen« sind, wobei die jeweils nur so »gut« und »böse« waren, dass man beide Seiten ertragen konnte (»gut« und »böse« ist jetzt in dicke Anführungsstriche gesetzt). Dies war mal das Normalmodell für die Regionen, die ich vorher genannt habe: Es gab zwei große Volksparteien, die durchaus auch etwas mit einer Differenzierung der Gesellschaft zu tun haben und natürlich voneinander leben. Beide haben eine bestimmte Lebenswelt, in die man tatsächlich vertrauen kann, um dann den Schluss zu ziehen: Wer etwas sagt, den beurteile ich daraufhin, woher er kommt, und kann dann ungefähr einschätzen, was es eigentlich bedeutet.

In den letzten 15 bis 20 Jahren haben wir jedoch erlebt, dass in diesen Ländern – und die Vereinigten Staaten von Amerika sind zurzeit vielleicht ein paradigmatisches Beispiel, schon weil es dort erheblich instabilere Institutionen gegeben hat – so etwas wie eine Herstellung von Kontinuität durch Institutionen immer schwieriger geworden ist. Wird es in einer voll durchdigitalisierten Ökonomie noch so sein, dass die Arbeit eines Individuums zur Wertschöpfung beitragen wird? Wird sozialer Aufstieg eine Option sein in einer Ökonomie, die nicht mehr die lebenslange Planbarkeit von Karrieren kennen wird? Wird es überhaupt einen Zusammenhang geben zwischen dem Einkommen und meiner Arbeitsleistung, wenn nicht eindeutig beschrieben werden kann, welche Anteile ich selber bei der Wertschöpfung habe? Wie werden sich diskontinuierlichere Lebensformen auf familiale private generative Formen des Lebens auswirken? Das sind alles Fragen, die man sicher einmal beantworten wird. Wir sind ja mittendrin, dass sich dort tatsächlich einiges verändert. Aber das produziert einen Vertrauensverlust, weil wir ganz offensichtlich die Grundidealisierung fester Lebenswelten, dass die Dinge immer so weitergehen, wie sie sind, verlieren.

Ich will es dabei belassen. Das verweist aber direkt auf meinen dritten Punkt, nämlich auf das, was ich die *Paradoxie der Vertrauenskommunikation* genannt habe. Ich habe also gerade die Bedingungen von Vertrauensverlust dargelegt, was viel mit Erwartungsenttäuschungen zu tun hat. Und jetzt ist die Frage: Wie geht man eigentlich dagegen vor? Es gibt eine grundlegende Paradoxie der Vertrauenskommunikation. Es gibt nichts, was Vertrauen stärker unterminiert als die Versicherung: »Sie können mir vertrauen.« Warum eigentlich? All die Beispiele, die ich Ihnen vorhin im Laufe des Vortrags genannt habe, machen sehr deutlich, dass das Verhältnis derer, die sich da wechselseitig vertrauen, indem sie ausblenden, was an negativen Folgen der jetzigen Handlung eigentlich möglich wäre, nicht thematisch wird. Es bleibt unthematisch. Sie erinnern sich an mein erstes Beispiel: Ich betrete einen U-Bahn-Waggon, und es ist nur eine weitere Person dort. Es wäre völlig undenkbar, zu der Person hinzugehen und sie zu fragen: »Kann ich Ihnen vertrauen?« Und wenn die mit groß aufgerissenen Augen sagt: »Sie können mir vertrauen«, sollten Sie den Wagen wahrscheinlich am besten wieder verlassen. Vielleicht gibt es gar keinen Grund dafür. Aber dadurch, dass das Vertrauen selbst Thema wird, verschwindet die Bedingung des Vertrauens, nämlich ein Mechanismus zur Reduktion von Komplexität zu sein. Sobald man also über Vertrauen reden muss, verschwindet es, oder – wenn man es nicht ganz so übertrieben formulieren will – das Vertrauen wird zumindest infrage gestellt.

Das ist nicht einfach eine akademische Figur der Umkehrung der Bedingung für die Möglichkeit von Vertrauen als etwas, das ich nicht befrage, sondern es ist durchaus empirisch beobachtbar, dass wir paradoxerweise oftmals auf Dinge verwiesen werden, die das Vertrauen gerade deshalb unterminieren, weil wir es thematisieren mussten. Der Beipackzettel ist ein schönes Beispiel dafür. Wir sollen Beipackzettel lesen oder wir sollen vor einem medizinischen Eingriff zustimmen, und diese Zustimmung ist gebunden an das Wissen, was alles passieren könnte. Und die Kommunikation sieht dann ungefähr so aus, dass auf einem Zettel steht, *was* alles passieren könnte. Wenn man das alles ernst nähme, könnte man noch nicht einmal ein Aspirin nehmen, ohne sich große Sorgen vor gravierenden Nebenwirkungen machen zu müssen. Gleichzeitig steht aber womöglich jemand vor Ihnen oder sitzt vor Ihnen, der Ihnen gleichzeitig sagt: »Ja, ja, das ist alles so. Aber Sie können mir vertrauen, das passiert ganz selten – und Ihnen schon gar nicht. Das können wir kalkulieren. Vertrauen Sie uns!« Das ist doch eine Situation, bei der man sagen muss: Eigentlich widerspricht dieser Satz dem, was man da unterschreibt. Und die Person, die das Vertrauen ausstrahlt, sagt auch noch: Du sollst mir vertrauen.

Diese Paradoxie der Kommunikation lässt sich nicht auflösen. Ein in der Soziologie beliebtes Beispiel ist die Unmöglichkeit, Aufrichtigkeit aufrichtig zu kommunizieren. Sie kennen das wahrscheinlich alle aus dem eigenen Leben. Wenn Sie gefragt werden: »Liebst du mich?«, ist jede Antwort falsch. Wenn Sie Nein sagen, ist es eh blöd. Wenn Sie Ja sagen, haben Sie Ja gesagt, und Ja können Sie nur sagen, weil man auch Nein sagen könnte, und das gesagte Ja muss nicht identisch sein mit dem gemeinten Ja. Vielleicht wissen Sie es selber manchmal nicht. Es gibt ja auch keinen positiv vorliegenden Befund. Und wenn man dann fragt: »Meinst du das wirklich?«, dann reiten Sie sich noch tiefer in die Paradoxie hinein.

Es gibt Hinweise darauf, dass Personen authentisch sein können – Authentizität ist ja auch nichts anderes als das Vertrauen darauf, dass der andere tut, was er wirklich meint, dass wir das aber glauben müssen und nicht wissen können. Und diese Paradoxie der Vertrauenskommunikation ist etwas, was dieses Vertrauensthema so kompliziert macht. Als Soziologe ist es mir außerordentlich wichtig darauf hinzuweisen, dass gesellschaftliche Ordnung unsichtbare Teile braucht. Das war eine der zentralen Thesen des Soziologen Talcott Parsons, der übrigens vielleicht der erfolgreichste Soziologe des 20. Jahrhunderts war, einer der Begründer des Strukturfunktionalismus und einer systemtheoretischen Soziologie. Und er hat einen wunderbaren Kulturbegriff formuliert. Auch der Kulturbegriff ist ein sehr schwieriger Begriff, weil er mit vielen Dingen zu tun hat, die sich nicht so eindeutig definieren lassen. Aber darüber will ich jetzt nicht reden. Parsons sagt: Kultur hat eine Latenzfunktion. Kultur funktioniert nur, wenn wir die Bedingungen dessen, was die Kultur uns ermöglicht, nicht mitkommunizieren.

Ich rede jetzt z. B. seit gut einer halben Stunde auf Sie ein, mit – wie ich finde – nicht ganz schlecht formulierten deutschen Sätzen, in denen das Subjekt meistens zum Prädikat passt. Das ist sozusagen eine Minimalbedingung. Und ich gehe davon aus, dass Sie ungefähr verstehen, was ich meine. In der Diskussion nachher werden vielleicht ein paar Missverständnisse geklärt. Parsons würde hier sagen: Spannend ist aber, dass das nur funktionieren kann, wenn wir quasi kontrafaktisch davon ausgehen, dass die Sätze, über die wir sprechen, das bedeuten, was sie bedeuten, und sie können es nur bedeuten, weil wir davon ausgehen, dass sie das bedeuten. Und sie würden es nicht mehr bedeuten, müsste man jede Bedeutung mithilfe der gleichen Sprache noch einmal sprachlich thematisieren. Der Satz »Es regnet nicht« bedeutet also, dass es nicht regnet. Aber interessant ist die Frage, wenn man jetzt genau in die Sprache reingehen würde: Was heißt eigentlich »Es«? Was meint er mit »Regen«? Was bedeutet der Begriff eigentlich? Bezieht sich das nur auf den jetzigen Moment oder überhaupt? Und wenn Sie anfangen, so zu reden, dann haben Sie eigentlich schon die Kommunikationsmöglichkeit zerstört, weil die Bedingung der Kommunikation latent gehalten werden muss, zumindest ein großer Teil davon. Fast unsere gesamten Alltagsregeln, die wir kennen, beruhen darauf. Wir sind also normalerweise, wenn wir keine guten Gründe dafür haben, gegenüber anderen Menschen, die wir nicht kennen, so mittelfreundlich – nicht übertrieben, dass wir ihnen gleich um den Hals fallen, aber auch nicht von vorneherein muffig. Das gehört sich nicht. Sondern wir halten uns an bestimmte ungeschriebene Regeln, sonst funktioniert das Alltagsleben nicht. Man könnte sagen, dass wir meistens, wenn es gut läuft, ein bisschen taktvoll sind. Ich bin übrigens ein großer Anhänger einer Ethik des Takts, weil der Takt eigentlich versucht, den anderen nicht in eine schwierige Situation zu bringen. Aber wenn Sie mal genau hinschauen, dann werden Sie feststellen, dass diese Freundlichkeit eigentlich keinen Grund hat.

Aber noch schlimmer ist es, wenn Sie dem Gegenüber sagen, warum Sie freundlich sind: »Finden Sie nicht auch, dass Alltagskommunikation am besten funktioniert, wenn man einigermaßen taktvoll miteinander umgeht?« Und schon ist er weg, der Takt. »Finden Sie nicht auch, dass es total nett von mir ist, dass ich über Ihre Schrulligkeit, die man daran sehen kann, wie Sie ausschauen, hinwegsehe?« Wir kennen es alle, dass wir im Hinterkopf haben: Mein Gott, der müsste mal dies oder jenes machen, zum Friseur gehen oder so etwas, aber wir würden es niemals kommunizieren. Und es niemals zu kommunizieren, bedeutet ja gleichzeitig, dass wir in dieser Situation die Bedingung der Möglichkeit der Kommunikation aufgeben müssen. Die Paradoxie besteht dann darin, dass, sobald dies kommuniziert bzw. thematisiert wird, die Situation selber komplizierter wird. Deshalb besteht die Paradoxie der Vertrauenskommunikation darin, dass Vertrauen am besten funktioniert, wenn man die Bedingungen des Vertrauens nicht kommuniziert, was für all diejenigen, die mit Vertrauensverlusten umgehen müssen, ein riesengroßes Problem ist. Sicherlich wird man – viele von Ihnen werden das aus Ihrer beruflichen Tätigkeit viel besser kennen als ich – eine zerrüttete Ehe nicht durch Bekenntnisse wieder zusammenbringen, sondern eher durch eine Praxis, die zeigt, dass man in bestimmten Situationen von bestimmten Informationen eher absehen kann. Und das würde auch für gesellschaftliche Konflikte gelten.

So viel zur Paradoxie der Vertrauenskommunikation. Die restlichen 10 Minuten, die mir bleiben, möchte ich über Digitalisierung sprechen.

Erstens: das Vertrauen in digitale Kommunikation. Hier möchte ich zwei Aspekte unterscheiden. Zum einen geht es darum, wie Massenmedien eigentlich in der digitalen Gesellschaft funktionieren, und zweitens darum, wie eigentlich diese Art von Videokommunikation funktioniert. Beim ersten Punkt will ich mich kurz halten, weil der letzte Punkt wichtiger ist. Massenmedial gesehen muss man sagen, dass die Digitalisierung der Kommunikation dazu führt, dass wir gleichzeitig immer weniger und immer mehr autoritative Sprecher haben. Autoritative Sprecher heißt, Sprecher, von denen wir denken, dass ihre Information für uns eine Relevanz haben. Und spannend daran ist, dass die Funktion, die die Massenmedien einmal hatten, nämlich so etwas wie einen gleichen Informationsstand über die Welt in der Gesellschaft wenigstens zu simulieren und die Variation über diese Information so klein zu halten, dass sich darin nur die üblichen Konflikte der Gesellschaft abbilden, verschwindet – gerade dadurch, dass man die Möglichkeit der Informationsverbreitung inzwischen geradezu schwellenlos zur Verfügung hat. Wir können so viel wissen, dass wir nichts mehr wissen. Wir können so viel Orientierung bekommen, dass man kaum mehr Orientierung bekommt.

Wir können zu jedem Satz einen autoritativen Gegensatz bekommen, der dagegenspricht. Das ist etwas, was nicht unbedingt zu mehr Vertrauen in die Welt beiträgt, denn auch hier gilt, dass genau die Begrenzung von Kommunikation den Mechanismus der Reduktion von Komplexität bedeutet. Wir können heute die Komplexität zu jedem Thema so stark erhöhen, dass wir eigentlich völlig haltlos werden, weil die Komplexität keinen Punkt findet, an dem man enden könnte. Wenn es nur drei Zeitungen gibt oder drei Fernsehprogramme oder so etwas, dann hat das alles ein natürliches Ende. Jetzt kann man das schon an der Ästhetik von Texten sehen, etwa in Formaten, in denen der Text selbst auf Texte hinter dem Text und Texte hinter dem Text und Texte hinter dem Text verweist. Hier kann man schon sehen, dass Kommunikation kaum mehr begrenzt werden kann. Und wenn Informationen nicht begrenzt sind, haben sie keinen Informationswert mehr. Man findet dann im Netz so viel, dass man nichts mehr findet. Diese Erfahrung werden viele in der Covid-Krise gemacht haben. Ich werde es bei dieser kursorischen Beschreibung belassen. Ich glaube, es ist relativ deutlich, was ich hier sagen will.

Ich komme zum zweiten Aspekt: Wie funktioniert diese Art von Videokommunikation? Für die videogestützte Kommunikation über Kommunikationsplattformen wie diese, die wir für diesen Vortrag verwenden, muss man sagen, dass es auch eine gegenläufige Entwicklung gibt. Zunächst ist dies eine starke Verdichtung von Kommunikation. Ich habe jetzt ein Digitalsemester hinter mir, heute beginnt das nächste Digitalsemester, und meine Erfahrung ist: Wir stellen fest, dass diese Art von Kommunikation die kleinen Ausflüchte, die in räumlich anderen Anordnungen möglich sind, nicht ermöglicht, zumindest nicht für diejenigen, die gerade aktiv sind. Da entsteht eine starke Verdichtung auf der einen Seite, auf der anderen Seite gibt es völlig neue Regeln im Hinblick darauf, wie wieder Vertrauen hergestellt wird. In diesem Semester werden wir das erste Mal Erstsemester in einem Digitalsemester haben. Im letzten Semester hatten wir Studierende, die die Universität schon einmal gesehen haben und die wir leibhaftig kannten – und sie uns. Im Digitalsemester kamen sie dann nur als Kachel vor, aber sie hatten eine Erinnerung an die Universität. In diesem Semester – übrigens in dieser Stunde – läuft meine Einführungsvorlesung in die Soziologie. Da sitzen normalerweise ungefähr 800 Personen im Audimax der LMU. Jetzt laden die sich eine Datei runter und hören meine Vorlesung. Und das Einzige, was sie von der Universität sehen, ist eine Powerpoint-Präsentation und meinen Kopf in dem einführenden Video. Ich mache nicht alles als Video, weil die Datensätze sonst zu groß wären. Wie produziert man eigentlich genügend Vertrauen in die Bereitschaft des Gegenübers, diesen Sätzen zuzuhören, wenn man sich nicht einmal sehen kann? Die Rollensituation eines Professors vor vielen jungen Leuten – das kennt man irgendwie. Aber das hier ist eine andere Situation, und daran muss man sich gewöhnen. Es ist auch für Firmen ein Riesenthema, wie man eigentlich mithilfe solcher Medien Vertrauen in Kundenkommunikation herstellt.

Ich stelle diese Frage nur in den Raum und will zum Schluss auf ein Thema kommen, das uns in den nächsten Jahren sehr stark beschäftigen wird, nämlich das Vertrauen in digitalisierte Entscheidungen.

Überhaupt könnte man viel über die Frage des Vertrauens in Technik reden. Technik hat eine bestimmte Funktion, nämlich dass sie funktioniert. Technik ist, soziologisch gesprochen, ein Mechanismus, der Konsenszwänge ausschaltet. Wenn ich eine Person überreden will, das Licht anzumachen, dann muss ich sie überzeugen: »Du, kannst du bitte das Licht anmachen?« Die Person hat die Möglichkeit zu sagen: »Nein« oder »Mach's doch selber« oder »Ist doch hell genug« oder »Wir können uns die Stromkosten nicht leisten«. Aber einen Schalter, den ich einfach umlege, muss ich nicht überzeugen, sondern der hat nur zwei Möglichkeiten: zu funktionieren oder nicht zu funktionieren. Technik ist also eine Vereinfachung von Funktionsweisen. Wer Technik einsetzt, setzt Eindeutigkeit ein. Das Licht ist an oder aus. Oder an einem Fahrkartenautomaten: Ich habe genug Geld eingeworfen oder nicht genug Geld eingeworfen. Oder an meinem Automobil: Es fährt oder es fährt nicht. Wenn ich auf das rechte Pedal drücke, fährt es schneller, und beim linken wird es langsamer.

Solche Technik ist deshalb funktional, weil sie funktioniert. Und dass die Technik Technik ist, fällt uns erst in dem Moment auf, wenn sie nicht funktioniert. Wenn ich also den Schalter umlege und das Licht nicht angeht. Ich drehe den Zündschlüssel herum und das Auto geht nicht an, usw. Ich habe genug Geld eingeworfen, aber die Zehnerkarte kommt nicht aus dem Automaten. Dann fällt uns erst auf, dass wir es mit Technik zu tun haben. Technik scheint also etwas zu sein, was Eindeutigkeiten produziert und letztlich algorithmisch gebaut ist. Algorithmen sind ja nichts anderes als Konditionalprogramme, dass unter bestimmten Bedingungen etwas Bestimmtes passiert. Und das sieht im Computer natürlich sehr kompliziert aus, weil der so viel Daten gleichzeitig verarbeiten kann, was weitgehend unsichtbar bleibt. Es ist von der Sache her gar nicht so anders, aber in den Effekten schon, weil so viel gleichzeitig verarbeitet wird, dass es bisweilen gar nicht wie Technik aussieht. Aber dazu später mehr.

Übrigens gibt es nicht nur technische Technik, sondern auch Sozialtechniken. Ich sage beim Bäcker: »Eine Breze, bitte.« Und ich bekomme eine Breze, und ich muss keine Kommunikation drumherum bauen. Ich muss die Person eigentlich nicht weiter überzeugen, mir eine Breze zu geben, weil das eine Form von technisierter Kommunikation ist. Ich wiederhole die Definition: Die technisierte Kommunikation verzichtet auf komplizierte Formen der Generierung von Konsens, weil es eben technisch ist. Hier aber nun das für die Digitalisierung Entscheidende: Es gibt eine neue Technik, nämlich digitale Technik, die selbst Entscheidungen fällt. Oder zumindest billigen wir ihr zu, dass sie Entscheidungen fällt. Und die Frage ist: Können wir dieser Technik vertrauen? Technik können wir normalerweise deshalb vertrauen, weil sie funktioniert. Wir verlieren das Vertrauen in Technik dann, wenn sie nicht funktioniert, aber das lässt sich relativ leicht wiederherstellen. Das ist eine simple Vertrauensstruktur, die mit Erfahrung zu tun hat.

Aber wie ist es eigentlich mit einer Technik, die anders als die übliche Digitaltechnik nicht mit Datensätzen zu tun hat, die schon da sind, sondern die selbst Datensätze erzeugt? Ich will das an einem Beispiel erläutern. Sie kennen die Diskussion um das selbstfahrende Automobil. Und solche Autos haben ja keinen Datensatz über die Welt und wissen dann, wo sie hinfahren sollen, sondern sie haben Sensoren, mithilfe derer sie ihre Umwelt beobachten.

Indem sie das, was sie da sehen, durch ihre Sensoren in elektrische Impulse umwandeln, erzeugen sie die Illusion einer Welt, in der sie in der Lage sind, sich im Straßenverkehr zu bewegen. Sie müssen zum Beispiel eine Kante, die sie sehen und die in den Daten ja nicht als Kante auftaucht, sondern als irgendeine Form von Begrenzung, als etwas bestimmen, das für die Definition der Situation relevant ist oder nicht. Das heißt, dass diese Technik ausschließlich auf selbsterzeugte Informationen angewiesen ist. Sie ähnelt damit übrigens dem menschlichen Bewusstsein. So lernen wir im Proseminar »Erkenntnistheorie in der Philosophie«, dass die Frage, ob das, was ich mit meinem Bewusstsein wahrnehme, der Wahrheit entspricht, nicht durch mein Bewusstsein selbst überprüft werden kann, weil der Überprüfungsprozess selbst mein Bewusstsein in Anspruch nehmen müsste. Einfacher formuliert: Wenn ich die Welt nur durch meine Brille sehen kann, dann kann ich mithilfe der Brille auch nur schauen, ob die Welt so ist, wie ich sie durch die Brille sehe.

Unser eigenes Bewusstsein ist also eigentlich ein Apparat, der nichts anderes tut, als sich selber so an die Welt anzupassen, dass er nach den Bedingungen dafür sucht, welche Dinge sich für mich bewährt haben und welche nicht. Soziologisch nennt man das Sozialisation. Man kann es aber auch schlicht und ergreifend einen Erfahrungsaufbau nennen. Es gibt physiologische Dinge, die dahinterstecken, auf die ich jetzt nicht Bezug nehmen möchte. Aber prinzipiell soll das nun auch durch künstliche Intelligenz gemacht werden. Da geht es gar nicht um eine semantische Intelligenz, sondern einfach um die Banalität, dass ein Auto sich selber steuert und wahrnimmt, was es dafür braucht. Erinnern Sie sich an den berühmten Fall, wo ein selbstfahrender Tesla in den Vereinigten Staaten rechts abbiegen sollte und links einen weißen Lastwagen in der Sonne nicht wahrgenommen hat. Es kam zu einem Unfall. Einer der wichtigsten Ingenieure von Tesla saß am Steuer und kam bei diesem Unfall leider Gottes zu Tode. Jetzt haben wir ein großes Zurechnungsproblem: Wenn ich dieses Auto gefahren wäre, hätten Sie gesagt: Na gut, das ist ja nur ein Mensch, da passiert so etwas schon mal. »Mensch« ist in solchen Erklärungen eine beliebte Kontingenzformel, die uns interessanterweise eher beruhigt als beunruhigt. Wir würden aber nicht so gut mit dem Satz leben können: »Das war ja nur ein Algorithmus von Tesla.« Warum können wir damit nicht so gut leben?

Ich muss an dieser Stelle eine kurze theoretische Figur einführen, nämlich die Gödel'schen Unvollständigkeitssätze. Gödel, ein Mathematiker der 1930er-Jahre, hat beschrieben, dass formalisierte Systeme, also die mathematische Repräsentation eines Vorgangs, immer mit so etwas wie unserem Bewusstsein zu tun hat, nämlich mit der Paradoxie des Selbsttragenden. Ein solcher Formalismus kann niemals vollständig widerspruchsfrei beschrieben werden. Wenn also ein solcher Apparat mithilfe selbsterzeugter Daten arbeitet, dann kann er niemals vollständig beschreiben, was er beschreiben soll, weil er auf die eigene Tätigkeit angewiesen ist. Wie ein Bewusstsein. Und deshalb wird ein solcher Apparat niemals das erreichen, was Technik eigentlich kann, nämlich eine nicht befragbare Idee von Funktionalität. Wir müssen uns daher die Frage stellen: Welche Art von Zurechnungsfähigkeit – also Vertrauen in die Funktionsweisen solcher Technik, das heißt eine Reduktion von Komplexität im Hinblick auf die Beobachtung von Störungen – uns bei solchen Apparaten möglich ist, bei denen uns die Kontingenzformel »Das ist ja nur ein Mensch« nicht zur Verfügung steht.

Wenn ich also nach der Bedingung solcher Technik gefragt würde, würde ich sagen, dass sie sich wahrscheinlich erst dann in der Gesellschaft durchsetzen wird, wenn wir diese Zurechnungsfrage – und ich meine damit nicht nur die juristische – gelöst haben, d. h. wenn wir auch solchen Algorithmen, denen wir Entscheidungen zurechnen, Fehler zubilligen würden. Dieses Beispiel fasst alles, was ich Ihnen in diesem Vortrag gesagt habe, noch einmal zusammen: Vertrauen ist sehr stark davon abhängig, was wir in gesellschaftlichen Strukturen erleben, die für uns eine gewisse Form von Intransparenz behalten müssen, selbst wenn es zu Störungen kommt, um auch nach diesen Störungen weiterleben zu können. Aus der Digitaltechnik können wir lernen, wie voraussetzungsreich eine solche Struktur ist, in der wir tatsächlich ein Leben führen können, das von einer Art *credo quia absurdum* charakterisiert ist: Wir nehmen die Dinge so, wie sie sind, obwohl wir nicht wissen, wie sie sind, und obwohl wir wissen, dass dies die einzige Bedingung ist, die Welt so zu sehen, wie sie wahrscheinlich ist, und dies deshalb wohl die einzige Grundstruktur ist, die uns bleibt, um uns irgendwie in einer bestimmten Weise sicher zu fühlen.

Ich danke Ihnen für die Aufmerksamkeit.

MATTHIAS MORGENROTH, MÜNCHEN

Wir: Sterbliche
Nachdenken über das schwindende Selbstvertrauen angesichts des Digitalen

Wir sind nicht mehr dieselben. Wir sind andere geworden. Wir haben große Teile von uns digital ausgelagert – und sind dabei, es weiter zu tun. Und empfinden das als ungeheuer praktisch.

Das, was wir gerade tun, einen Online-Vortrag abhalten, ist ja auch ungeheuer praktisch. Es kann sogar gemütlich sein, auf dem eigenen Sofa. Und ohne Reisekosten. Ohne sich den anderen und ihren Viren aussetzen zu müssen. Und überhaupt – anders hätte diese Veranstaltung ja gar nicht stattfinden können …

In der kommenden digitalen Dreiviertelstunde geht es mir darum, in mehreren Kreisen dem nachzuspüren, was »das Digitale« mit uns macht. Ich sage dabei stets *wir* und *uns*, was eigentlich viel zu absolut klingt, und ich bitte darum, stets mitzuhören, dass es bei jeder und jedem von uns anders ist, jede und jeder andere Erfahrungen mit dem Digitalen gemacht hat, jede und jeder Handy, Laptop, Tablet anders nutzt, andere Abhängigkeiten entwickelt hat. Ich sage der Einfachheit halber trotzdem *wir* – denn bei allen Unterschieden betrifft uns die digitale Revolution *alle*. Und ja: *Wir* haben uns verändert.

Wir sind nicht mehr dieselben, und das, was wir gegenwärtig mit dem gewaltigen Digitalisierungsschub erleben, kann auch als Ausdruck eines gewaltigen Selbstverlusts beschrieben werden. Und als Ausdruck eines gewaltigen Vertrauensverlusts. Und in der Kombination natürlich auch als Ausdruck eines gewaltigen Selbstvertrauensverlusts. Und das, obwohl viele von uns das kaum wahrnehmen: Das genau ist das Ungeheure daran.

In einem *ersten Teil* will ich zeigen, wie sehr das Digitale uns in der Tiefe ergreift – körperlich und seelisch, wie es Verstand, Gefühle und Emotionen kapert – und dass dem einige ziemlich basale Missverständnisse zugrunde liegen. *Kopf* oder *Zahl* – *Herz* oder *Frequenz* – *Bauch* oder *Blackbox* – das sind die zentralen gegeneinandergestellten Bilder des ersten Seelenscans im Angesicht des Digitalen.

In einem *zweiten Teil* will ich das Digitale noch einmal anders beschreiben – als bislang höchste Steigerung des Kontrollbedürfnisses, mit dem wir in der Neuzeit, speziell seit der Aufklärung, aufs Dasein antworten. Die Glas- und Spiegelmenagerie, in der wir uns, das Leben, die Welt einrichten, lässt die echte Welt, das reale Leben tatsächlich verzichtbar erscheinen – so haben wir auch die Corona-Lockdowns ganz gut überstanden, zum Glück. Doch der Preis ist auf Dauer hoch, und auch das haben wir zum Glück bemerken können – vielleicht das erste Mal seit Jahren.

In einem *dritten Teil* will ich das Digitale als Antwort auf die tiefste Kränkung beschreiben, die *wir* Menschen alle irgendwann deutlich empfinden und die sehr stark mit dem Selbstverlust, dem Vertrauensverlust und dem Selbstvertrauensverlust zusammenhängt – und uns dieses Jahr besonders ins Bewusstsein gekommen ist –: Wir sind und bleiben nun mal *Sterbliche*, und die digitale Antwort entleiblicht uns mehr und mehr. Wir haben uns verändert.

So weit der kulturpessimistische Teil des Seelen-Selfies. In einem *vierten Teil* will ich fragen, wie die Gegenmittel aussehen könnten, Gegenmittel für das, was manchmal »Dataismus« genannt wird. Ich will dazu anregen, Leiblichkeit noch viel mehr ins Zentrum des eigenen Lebens wie auch des therapeutischen bzw. seelsorgerlichen Tuns zu stellen.

1. Selbstvertrauensverlust

Kopf oder Zahl?

Ich will das, was mit uns passiert oder was wir mit uns machen, mal wirklich leiblich beschreiben und fange beim Kopf an. Der Kopf: traditionell der Ort des Verstandes, der Ratio, des Selbstbewusstseins, des Rechnens und Berechnens.

Vom Kopf her haben wir uns kollektiv entschlossen (oder von dem naturwissenschaftlichen Blick überzeugen lassen) zu glauben, wir könnten alles in Daten, also in Zahlen übertragen. Das hat lange Tradition. Galileo Galilei sagte sinngemäß: Das Buch des Universums ist in mathematischer Sprache geschrieben.[1] In der Folge dann René Descartes mit der Suche nach Universalmathematik, Gottfried Wilhelm Leibniz mit der Entwicklung des binären Codes (Gott gleich 1, Nichts gleich 0) – und all das führte dann zur Grundüberzeugung des Informationszeitalters, alles könne in pure Information übertragen werden, losgelöste Information an sich (und im Übrigen auch so objektiv und so losgelöst, dass es nicht mal ein Bewusstsein brauche, das die Informationen auch zu lesen vermag). Der Heidelberger Professor für philosophische Grundlagen der Psychiatrie und Psychotherapie Thomas Fuchs hat kürzlich ein wunderbares Buch vorgelegt, *Verteidigung des Menschen* (2020), das die Entwicklung, aber auch die Begrenztheit dieser Sicht auf den Menschen aufzeigt.

Sei es, wie es sei, die tiefe Grundüberzeugung ist heute, im »Informationszeitalter«: Wenn wir alles in Daten übertragen, in Zahlen, dann könnten wir uns diese Zahlen und Daten, die Diagramme und Bewertungen, die damit verbunden sind, in aller Ruhe »vernünftig« anschauen. Und so den besten Überblick über uns, über die Gemeinschaft und über die Welt bekommen. Weil das, wie wir sagen, »objektiv« sei. Der Soziologe Steffen Mau hat in einer umfangreichen Analyse *Das metrische Wir. Über die Quantifizierung des Sozialen* (2017) zusammengetragen und analysiert, was das allerdings auch bedeutet: Der Übertragung des Ichs und des Lebens in Zahlen liegen »Rechenfehler« zugrunde:

94

- Die Übertragung in die universelle Sprache der Mathematik kann ja nur entweder durch Messungen geschehen (Höhe, Länge, Temperatur etc.) oder aber durch Transformation von bestimmten Beurteilungen oder Beobachtungen in Zahlenwerte. Das ist stets Selektion und Auswahl.
- In Zahlen und Statistiken stecken immer schon Vorentscheidungen, je nachdem, was als relevant, wertvoll oder maßgeblich gesehen wird: Von wegen objektiv! Zahlen und Statistiken sind immer selektive Konstruktionen. Sie erzeugen mit ihrer Selektion erst die Wirklichkeit. Diese von ihnen dargestellte Objektivität ist immer eine Objektivität unter einer bestimmten Prämisse.
- Wenn wir uns in Zahlen und Daten übertragen, verändert das umgekehrt unsere Vorstellungen von uns. Dann verstehen wir uns als messbar, direkt vergleichbar, sortierbar, quantifizierbar eben: Wir unterliegen damit dem Wettbewerb ganz neu, weil bislang Unvergleichliches (ein Individuum) miteinander vergleichbar gemacht wird.

Es lassen sich dazu noch viel mehr Dinge aufzählen, wichtig ist vor allem: Diese Form der Verrechnung begründet auch die grundlegende Faszination am Digitalen. Denn das Smartphone, die Smartwatch, der Laptop, das Internet sind unser allgegenwärtiger Transformator, durch den wir uns und das gesellschaftliche Leben in Daten übertragen können – und längst sind es ja auch nicht mehr wir selbst, die dann mit scheinbar kühlem Kopf aus Daten, Zahlen, Fakten berechnen, was gut für uns ist, sondern wir lagern das auch aus in die digitale Rechenmaschine. Denn die App ist natürlich schneller – und errechnet personalisiert das scheinbar Sinnvolle.

Die tagtägliche Verrechnung in Zahlen hat viele Folgen. Zum Beispiel die digitale Dauerbewertungskultur, die aus einer Skala von eins bis fünf Sternen besteht, egal ob man Unterhosen aus dem Internet bezieht oder einen politischen Kommentar liked oder eben nicht. Das ständige Übertragen in Skalen gewöhnt man sich dann auch im Zwischenmenschlichen an, im »echten Leben«: Daumen hoch oder runter, *shit* oder *like*, 1 oder 0.

Eindrücklich in Studien beschrieben ist, wie die Verrechnung des eigenen Körpers auch das Gegenteil dessen bewirkt, was es eigentlich verspricht. Sie soll uns ja ursprünglich dienen, soll uns glücklicher und gesünder machen, führt aber in Wirklichkeit oft genug eher zu dem Gefühl, ungesund zu leben und unglücklich zu sein. Die Selbstvermessung durch Gesundheits-Apps ist ja, auch wenn sie privat zu sein scheint, keine private Sache. Die ermittelten Daten werden zentral gesammelt, abgeglichen und zu einem angeblich objektiven Normalwert in Beziehung gesetzt. Es wächst eine unvorstellbare Menge an Vitalparametern, die für die Wissenschaft, für die Früherkennung von Krankheiten oder für die medizinische Therapie von Nutzen sein können. Und das mag im Speziellen hilfreich sein. Aber all das wirkt zurück auf den normalen, gesunden, alltäglichen Zustand, denn durch die Generierung eines fiktiv errechneten Optimal-Normalmenschen, der möglichst sportlich, fit und attraktiv ist, sollen wir, die User*innen (wir sind dann kein Individuum mehr), natürlich »bei der Stange« gehalten werden, die App weiter zu nutzen und unsere Daten weiter zur Verfügung zu stellen. Das ist schließlich das Geschäftsmodell der Apps, auch wenn sie an wissenschaftliche Studien angeschlossen sind. Wer sich nun aber dieser Selbstvermessung unterwirft, wird natürlich auch die Daten ernst nehmen, wird daraus Konsequenzen ziehen. Viele Nutzerinnen und Nutzer berichten nun davon, dass sie erst angesichts nicht zufriedenstellender Körperdaten angefangen haben, sich schlecht zu fühlen (Mau 2017, S. 170ff.).

Der Selbstdeutung tritt die Fremddeutung gegenüber. Daten können uns auf diese Weise schnell dazu bringen, dass wir dem eigenen Körpergefühl misstrauen. Und weil die Sache mit den Daten und den Körper-Apps alles natürlich ein großes Geschäft ist, wird uns sehr gern suggeriert, dass unser Selbstgefühl unzureichend sei und wir selbst *unzurechnungsfähig* seien.

Wir sehen: Die Dauerübertragung des Lebensvollzugs in Daten, in Rankings und Normal- und Grenzwerte hat immense Auswirkungen auf das, was wir von uns denken; was wir über die Welt denken; was wir tun. Statt dem eigenen *Kopf* zu vertrauen, setzen wir also auf die *Zahl*. Wir verobjektivieren dem Anschein nach die Sachlagen und uns selbst – und lassen dann für uns berechnen, was für uns gut ist. Was für ein Selbstverlust!

Herz oder Frequenz?

Gehen wir im Körper etwas tiefer, scannen wir den Herzraum, traditionell Sitz der Gefühle und Emotionen und auch des Gefühls der Stimmigkeit. Nehmen wir nur das Glücksempfinden. Die Freude. Wenn das Herze lacht.

Dass Smartphones Dopaminmaschinen sind, die unseren Jagdinstinkt bedienen, weil wir, wenn es »pling« macht, manchmal – aber eben nicht immer – etwas Tolles entdecken oder Likes auf irgendetwas bekommen oder uns mit einer SMS zugewinkt fühlen dürfen, das wurde in den vergangenen Jahren oft beschrieben – und dass genau das einer der bedeutenden Suchtfaktoren ist, auch (Te Wildt 2015; Markowetz 2015; Milzner 2017). Ich will aber jetzt auf etwas anderes hinweisen: dass wir nämlich auch versuchen, *aktiv* unsere Glücksrate mit der digitalen Maschinerie zu steigern, unsere Glücks*frequenz* zu erhöhen, durch die Möglichkeiten dieser kleinen Weltmaschine in unserer Hosentasche. Und dass wir dabei leider wieder das Gegenteil bewirken. Und das geht so:

Sie sind an einem Ort oder in einer Situation, in der Außerordentliches zu erwarten ist. Ihr Kind will die ersten Schritte machen. Großartige Wellen am Strand locken. Ein urkomischer Witz wird erzählt. Sie haben das Bedürfnis, all das festzuhalten, zücken daher Ihr Smartphone und fotografieren und filmen, nicht nur einmal, sondern womöglich immer wieder während des Geschehens, um den besten, nein, den allerbesten Moment zu erwischen. Die Konsequenz ist allerdings: Der direkte Moment, das unmittelbare Erleben, ist futsch.

Die Wirtschafts- und Organisationspsychologin Sarah Diefenbach hat sich gemeinsam mit Daniel Ullrich, der über intuitive

Interaktion und das Zusammenspiel von Mensch und Maschine geforscht hat, Gedanken über die Frage gemacht, wie das Handy mit seinen Apps unser Glücksempfinden beeinflusst. Sie nennen das Ergebnis »digitale Depression« (Diefenbach/Ullrich 2016).

Denn (eigentlich logisch, aber trotzdem nicht im Bewusstsein): Sie können sich nicht gleichzeitig himmelhochjauchzend darüber freuen, dass Ihr Kind die ersten Schritte seines Lebens tut, und es gleichzeitig filmen. Sie können nicht gleichzeitig in die Wellen hüpfen, das Wasser spüren und fotografieren. Und Situationskomik ist sowieso selten im Nachhinein witzig. Das alles ist logisch, doch trotzdem versuchen wir tagein, tagaus, das Gegenteil zu beweisen. Wir »erfahren« dann das Erlebte durch die Brille der Foto-Video-App. Wir schieben etwas zwischen uns und die direkte Erfahrung. Es ist uns eine Art Hornhaut auf der Seele gewachsen, die die direkte Erfahrung abfedert. Macht nichts, könnten Sie sagen, ich kann ja dafür das Erlebte immer und immer wieder anschauen, und das ist ja dann ein Zugewinn. Ich habe die tollsten, besten und lustigsten Momente des Lebens ja dokumentiert. Wann aber habe ich die Zeit, das Erlebte nachzuholen? Wenn es etwas zu sehen gibt, fotografiere ich es zwar, aber das Eigentliche, was ich erfahren, was ich erkennen wollte, verschwindet in meiner Aktion. Und umgekehrt: Wenn ich etwas *nicht* aufgenommen habe, wird es auch in meiner Erinnerung oder in meinen Erzählungen immer weniger bedeutsam werden. Sarah Diefenbach und Daniel Ullrich kommen zu dem Schluss, dass

Die Technik die Momenterfahrung immer stärker auf die Reflexionsebene verlagert. Wir reflektieren Erlebnisse anhand von Fotos, Blog-Posts und dem Austausch im WhatsApp-Chat. [...] Das Erlebnis wird weit über den Erlebniskern ausgedehnt, sodass der Kern irgendwann verschwindend klein wird (Diefenbach/Ullrich 2016, S. 49).

Oft verbindet sich außerdem unsere Sammelwut damit, dass etwas erst zählt, wenn es erzählt wird. Dass es erst dann wirklich ein cooles Erlebnis und ein einzigartiger Gedanke war, wenn wir alles geteilt und damit anderen mitgeteilt haben: »Die Dokumentation wird zum Selbstzweck und verdrängt das Glück, das sich aus der Tätigkeit selbst ergeben könnte« (ebd., S. 59f.). Was ich dokumentiert habe, wird vergleichbar. Gibt es noch bessere Fotos von anderen Leuten, die mit mir unterwegs waren? Wie kommentieren reale oder Social-Media-Freundinnen und -Freunde das Geschehen, das ich ihnen zeige? Unter welche Hashtags kann ich meine Fotos klassifizieren und sortieren, mit welchen müssen sie dadurch konkurrieren? Und so weiter und so fort. Und so prägt schon der Gedanke an die spätere Veröffentlichung die Situation selbst.

Sind wir also noch ganz da?

Die Frequenz zu erhöhen, um mehr aus dem Tag herauszuholen – das versuchen wir natürlich auch bei vielen anderen Dingen. Das Smartphone ist ja ein Multitasking-Instrument. Allerdings können wir Multitasking nur um einen hohen Preis: Wir feuern Automatismen ab. Das Glück der Erfahrung geht flöten. Auch das ist ein Selbstverlust. Ein Wechsel vom *Herz* zur *Frequenz*.

Bauch oder Blackbox?

Gehen wir im Seelenscan noch etwas tiefer: in den Bauchbereich, zum Bauchgefühl. Das Bauchgefühl ist ja etwas ganz eigenes, der Raum der Intuition. Wie bei den Intuitionsforscher*innen immer deutlicher wird, ist das auch eine Art von Intelligenz, die aber unbewusst und ohne kognitives Abwägen zu Ergebnissen kommt. Nicht jede und jeder von uns ist in jedem Bereich des Lebens gleich gut intuitiv unterwegs – es gehören schon Vorwissen und Erfahrung dazu: Die Erfahrenen werden durch Intuition schwierige Aufgaben in ihrem Bereich ganz anders lösen können.

Das digitale Äquivalent zur Intuition sind in gewisser Weise die Algorithmen, vor allem diejenigen, die personenbezogen arbeiten und dabei selbstständig etwas über uns lernen – Rechenwege, die versuchen, uns zu durchschauen, indem sie Daten über unser Verhalten sammeln und dann für uns passende Antworten liefern. Dies machen sie immer und immer besser, dem Anschein nach auch intuitiv. Wie bei der körperlichen Intuition, beim Bauchgefühl, passiert das, ohne dass das Ergebnis vom Rechenweg her nachvollziehbar wäre – auch nicht mehr für die Entwickler*innen selbst. Blackbox wird das genannt. Es wird den Algorithmen zugetraut, selbstständig zu personalisieren, zu für uns richtigen Ergebnissen zu kommen – zu den besten für uns ganz persönlich.

Diese Algorithmen werden bekanntlich in immer mehr Bereichen eingesetzt (Lanier 2018; O'Neil 2018; Morgenroth 2016). Einfachstes und alltäglichstes Beispiel: Wir werden beworben. Bis zu fünfzig Dienste lesen mit, welche Aktivitäten wir am Handy oder am Rechner durchführen, sie können binnen kurzer Zeit ein ziemlich präzises Profil von uns erstellen – und uns gezielt bewerben: Wer dieses kaufte, interessierte sich auch für jenes. Oder viel subtiler: Weil wir italienischen Wein gekauft haben, werden uns Bilder von Italien gezeigt – und irgendwann entsteht vielleicht unbewusst sogar der Wunsch in uns, nach Italien zu fahren. Der Wissenschaftsjournalist und Physiker Ranga Yogeshwar sagt dazu: Nicht mehr *wir* wollen, sondern wir *werden gewollt* – wir merken gar nicht mehr, wie wir ganz, ganz leise zu diesem und jenem Wunsch geleitet wurden (zit. in: Morgenroth 2018).

So geht es weiter: Auf Facebook errechnen Algorithmen die Dinge, die uns interessieren könnten und stellen sie nach oben – ein eigenes News-Weltbild entsteht für uns. Im US-Wahlkampf wurde das bekanntlich so eingesetzt, dass Wechselwähler*innen mehr schlechte Nachrichten über den politischen Gegner bekamen – ohne es zu bemerken – und Stammwähler*innen sich komplett in der eigenen Informationsblase befanden.

Oder nehmen wir berufliche Bewerbungen. Auch da existieren mittlerweile Algorithmen, die die idealen Kolleg*innen oder Mitarbeiter*innen aussuchen – und das Bauchgefühl ersetzen, nach denen bisher (auch) entschieden wurde. Oder bei Bankgeschäften: Auch dort werden mehr und mehr digitale Risikobewertungen eingesetzt, die Kundinnen und Kunden in Gruppen einsortieren und dann entscheiden, ob wir einen Kredit bekommen oder nicht. Sollte aber ein Nein vorliegen, ist dies allerdings mit niemandem mehr verhandelbar. Ein digitales Nein bleibt ein Nein. Blackbox – Pech gehabt.

Zusammengefasst: Auch beim Bauchgefühl – eines der wichtigsten Instrumente unseres Bewusstseins – klinken wir uns aus. Lassen wir fühlen. *Blackbox* statt *Bauch*: Wieder ein Selbstverlust.

Auf den ersten Blick, so könnte man einwenden, ist es aber doch praktisch, weil wir so viel Arbeit abgeben können: Hirn-, Herz-, Baucharbeit. Aber, darauf hat der Ulmer Hirnforscher Manfred Spitzer immer wieder hingewiesen (2014; 2017): Das Hirn (und wir können ergänzen: auch Herz und Bauch) arbeitet anders als ein Computer. Es ist ja nicht so, dass dem Hirn Kapazitäten frei würden, es schneller oder besser arbeiten könnte, wenn es Dinge auslagert, wie der Rechner es tut. Nein. Was nicht geübt und trainiert (und noch essenzieller: was nicht erfahren) wird, verkümmert. Wir verlernen es dadurch, dass wir es abgeben, auslagern, outsourcen. So ist es mit unserem Bewusstsein, unserem Selbstbewusstsein insgesamt. Wir verlernen das Selbst- und das Körpergefühl, das Glücksempfinden im Augenblick, das Lauschen auf das Bauchgefühl. Und das sind ja nur drei prägnante Beispiele unseres Lebens.

2. Kontrolle oder Vertrauen

Noch ein Scan, wieder in drei Teile gegliedert, in *Ich*, *Wir* und *Welt*. Das Digitale kann man ja auch als Spiegelbild der analogen Welt beschreiben. Wir selbst bilden uns ab. Wir bilden unsere Beziehungen ab. Und wir bilden unsere Welt ab. Ebenfalls mit Folgen.

Das Ich

Manche Optimisten meinen, die Darstellung von uns selbst in den digitalen Medien – unsere Profile bei Facebook, unsere Homepages, Wikipedia-Artikel usw. – seien nur eine moderne Form des »Identitätsmanagements« (Schulze 2014; Schmidt 2014). Wir würden uns durch die Pflege der Online-Profile klar und immer klarer, wer wir sind. So wie es eben früher im Spiegel des eigenen Tagebuchs geschehen konnte.

Ich glaube das nur bedingt. Denn diese Identitätssuche oder dieses Identitätsmanagement ist ja gekapert worden: durch die Regeln der großen unbegrenzten und von Algorithmen getriebenen Internet-Weltöffentlichkeit. Ein einfaches Gedankenexperiment: Wer ist der Leser meines Tagebuchs? Mein höheres Selbst? Für manche vielleicht Gott? Auf jeden Fall ist es eine sehr intime Angelegenheit. Wer ist der Leser meiner Homepage? Potenzielle Kund*innen vielleicht. Was will ich meinen Facebookfreundinnen und -freunden zeigen? Wie toll ich bin. Welche Bilder poste ich auf Instagram? Die besten, genialsten, witzigsten – und sortiere sie unter Hashtags, wo sie mit ähnlichen vergleichbar werden. Es ist ein sehr flaches Profil, das auf diese Weise entsteht – ein 2-D-Spiegelbild des Ichs. Kann ich dem vertrauen? Nein, aber dafür kann ich es kontrollieren: Weil in der Regel *ich* entscheide, was die anderen sehen.

Das Wir

Mit dem Smartphone in der Hand sind wir stets verbunden – einer der großen Vorteile, ein ungeheurer Fortschritt. Wir haben alle unsere Freunde und Freundinnen potenziell in der Hosentasche. Sogar die Polizei. Das Weltwissen. Das Gefühl der Verbundenheit ist prägend, was auffällt, wenn man in einer fremden Umgebung plötzlich bemerkt, das Handy vergessen zu haben. Es ist aber immer nur eine potenzielle Verbundenheit. Wir schicken unseren Freund*innen – nicht den lockeren, entfernten Facebookfreund*innen, sondern den richtigen, echten – gern mal ein Foto über WhatsApp oder andere Messengerdienste: Da bin ich. Da war ich. Das werde ich gleich essen. Neidisch? Oder ich benutze eines der Emojis, ein Bussi, ein Schwein, den berühmten Kackhaufen. Ich teile mich. Ich teile mich mit. Ich bin auf diese Weise doch ziemlich verbunden ...? Ja und nein. Corona hat gezeigt, wie wichtig das ist. Nur so haben wir es ausgehalten auf unseren Corona-Inseln, ohne zu vereinsamen. Digitale Abendessen. Digitale Sprechstunde. Digitaler Unterricht. Sogar ein digitaler Kongress ist möglich: So praktisch! (Die bange Anschlussfrage: Würden wir, wenn wir wieder dürfen, uns aufmachen und uns wieder real treffen? Ging doch auch so. Ohne das durchgeschwitzte T-Shirt des Nebenmanns.)

Es ist überall zu beobachten, dass das Smartphone und die digitale Welt zwar viel ermöglichen, aber dass es uns offenbar auch ausreicht, die Möglichkeit zu haben. Dauernd und überall. Dass aber aus der Möglichkeit nicht mehr oft Wirklichkeit wird. Dann reicht es, mit den besten Freund*innen ein, zwei Monate lang mal ein paar Fotos hin- und herzuschicken, bis man sich mal wieder in real sieht. Und so ist es bei vielen Dingen – das Digitale erlaubt die sofortige Triebabfuhr *im Virtuellen*. Per Smartphone können wir also unsere Bedürfnisse verwirklichen, ohne sie zu realisieren. Gerald Hüther beschreibt dies so:

> Wenn man Frust hat, ballert man ein bisschen herum. Wenn man sich einsam fühlt, chattet man ein bisschen herum. Wenn man ein sexuelles Bedürfnis hat, geht man auf eine Pornoseite – und so kann man jedes Bedürfnis, das man gerade hat, mithilfe dieser digitalen Medien abarbeiten, ohne dass das tatsächlich im realen Leben stattfindet (zit. in: Morgenroth 2018).

Etwas eigentlich Entscheidendes passiert dann nur noch dadurch, dass es eben im eigentlichen Sinne *nicht* passiert.

Auch hier gilt: Was wir nicht trainieren, verlernen wir. Auch das Intimsein. Das Ich-und-Du.

Die Welt
Logisch, wir bilden auch die gesamte Welt digital ab. Diese digitale Welt, dieses Welt-Double ist ungeheuer anziehend und praktisch. In dieser Welt ist alles gleich weit weg: einen Mausklick. Informationen, Menschen, Institutionen, Landstriche – alles gleich gut erreichbar. Diese Welt ist immer hell. Immer online. Immer präsent. Sie ist dabei nicht ständig gleich – auch sie verändert sich –, aber sie

ist prinzipiell stets da. Und es regnet nie. Sie ist dauerbunt – bunter als das Original (Spiekermann 2019a).

Sie ist auch einfacher zu handhaben – einfacher als das Analoge. Ich kann Sie, liebes Auditorium, zum Beispiel alle mit einem Mausklick stummschalten. Und dann muss ich mich nicht weiter mit Ihnen rumschlagen. Ich bin blitzschnell auf der ganzen Welt – und doch nur Weltzuschauer. Manche werden sich an die Analysen zur Zuschauer-Fernsehkultur von Paul Virilio erinnern – er nannte diesen Zustand »rasenden Stillstand« (2015).

Als Weltbetrachtende sind wir zwar rasend schnell überall, aber stehen zugleich still. In dem Moment, in dem wir die Welt verfügbar gemacht haben, wird sie belanglos. Und in dem Moment, in dem wir in der digitalen Welt einen guten Ersatz finden, wird die echte Welt auch verzichtbar. Die immerbunte, allgegenwärtige, stillstehende Online-Welt ist zudem stets verfügbar – das gibt uns Sicherheit. Und vielleicht können wir es auch nur deshalb ertragen, dass wir unsere reale Lebens(um)welt gleichzeitig dem Verfall überlassen. »Das Hier und Jetzt wird dadurch doppelt negiert« (Gronemeyer 1996, S. 140).

Ein ganz tief in der Seele verankertes Motiv für diese Transformation von *Ich*, *Wir* und *Welt* ins Digitale ist die Faszination der Kontrolle, die dadurch entsteht. Kontrolle aber ist eine Reaktion auf Angst. Die digitale Welt suggeriert, wir hätten die totale Kontrolle – über uns und was wir von uns zeigen, über die andern, die ich einfach mal stummklicken kann, wenn ich mag, über die Welt, die zoombar und bunt ist und außerdem dauerhell, Tag und Nacht erleuchtet, immer da, ewig berechenbar.

Jetzt sind wir an einem sehr tiefen Kern des Geschehens angelangt: bei der Angst. Bei der Lebensangst – der Todesangst – und der in der Digitalisierung gegenwärtig wirkmächtigen Reaktion darauf: möglichst totale Kontrolle.

Es gibt auf das durchaus natürliche und sinnvolle Gefühl der Angst stets drei Reaktionen. Erstens: Ich besinne mich auf meine Selbstwirksamkeit, auf meine Fähigkeiten, auf Situationen wirklich zu reagieren, auf unser Identitätsmanagement eben. Wir haben gesehen, wie sehr wir diese Fähigkeiten ins Digitale ausgelagert haben. Schlechte Voraussetzungen also. Zweitens: Ich kann auf meine Lieben zurückgreifen, auf Freunde und Familie, auf den Clan, und gemeinsam sind wir wieder stark. Wir haben gesehen, wie sehr wir derzeit Kontakte veroberflächlichen oder sie im kapitalistischen Wettbewerb vernachlässigt haben. Also auch schwierig. Drittens: Ich lasse mich tragen von einem Gefühl von »Alles ist gut«, »Alles wird wieder gut«. »Gottvertrauen« hätte man früher dazu gesagt. Dieses Gefühl ist uns kollektiv verloren gegangen – mit der bekannten Demontage der Religionen in der Moderne –, und so laufen wir auch hier der Versuchung hinterher, alles kontrollieren zu wollen.[2]

Kontrolle aber ist das Gegenkonzept zu Vertrauen. Vertrauen – das wäre etwas ganz anderes …

3. Die Vorgeschichte des Selbstvertrauensverlusts

Bevor wir an dieser Stelle weiterdenken, noch ein kurzer Blick in die Vorgeschichte – deren bisheriges Ergebnis unter anderem die digitale Welt ist. Denn das Digitale ist ja zugleich Spiegel und Motor eines schon lange gewachsenen Selbstverständnisses von Mensch und Welt. Woher kommt diese Grundbewegung des Selbstverlusts? Warum meinen wir, wir könnten uns »vergeistigen« und dann noch in Daten übertragen? Wichtig ist in diesem Zusammenhang eine Leibvergessenheit, die schon seit der griechischen Antike bestimmte Prozesse in Gang gesetzt hat. Ich will einige stichwortartig benennen.

- Zunächst sei auf die anthropologische Grunderfahrung verwiesen: Ich kann »mir«, meinem Körper, beim Verfall zusehen, während ich mich mit mir selbst noch immer »identisch« fühle (»In mir drin bin ich immer noch das Kind von damals«). Die offenkundige Evidenz der Vergänglichkeit und Verletzlichkeit des Leibes in Jahrhunderten voller kriegerischer Auseinandersetzungen, Epidemien und anderer Verletzlichkeiten lässt den Körper als etwas Nachgeordnetes erscheinen, als etwas Temporäres.

- Die platonische Tradition hat diesen Aspekt betont und unser Sein aufgetrennt gedacht, aufgeteilt in Körper und Seele – der Körper ist das »Grab der Seele«, so das bekannte Wort Platons (Gorgias 493a2–3).
- Die Leibvergessenheit der christlichen Jahrhunderte – die Dauerabwertung unserer Existenz hier auf Erden. Ikonografisch ist über Jahrhunderte das »Urbild« des Menschen, Jesus Christus, aufgespalten in diese zwei: den am Kreuz fixierten, leidenden, blutenden, sterbenden Menschen versus den vergeistigten, ortlosen, jenseitigen Auferstandenen.[3] Vernachlässigt wurde das Ineinsgehen beiderlei »Gestalten«, wie es etwa im frühen Christentum durchaus gelehrt und praktiziert wurde (Stichwort: »Gottesgeburt im Menschen«). Die Suche nach einem erfüllten Leben diesseits des Himmels (»Es gibt ein Leben vor dem Tod«) wurde dadurch gelinde gesagt zumindest stark vernachlässigt.
- Die kirchliche Identifizierung des Menschen mit »Sünder« ist auch in dieser Hinsicht folgenreich: Auch wenn heute die Kirchen den Begriff »Sünde« meist anders übertragen (als sich unverbunden fühlen / unverbunden sein mit dem Göttlichen), die christliche Grunderzählung lautete über Jahrhunderte: Der Mensch sei durch die Ursünde überindividuell und durch seine eigene Konstitution individuell defizitär und müsse erst zum Guten gebracht werden – sei es durch die Versöhnung mit Gott durch den stellvertretenden Opfertod des Gottessohns am Kreuz, sei es durch biblisch gesetzte Gesetze und Verheißungen. Untergründig wirkt das in Bereichen weiter, in denen man es nicht für möglich gehalten hat. Die Wiener Wirtschaftswissenschaftlerin Sarah Spiekermann hat wunderbar gezeigt, welches Bild heute die Entwickler*innen von Computerprogrammen von uns Menschen haben (Spiekermann 2019a; 2019b, S. 13): Dummies, die erst zum Guten gestupst werden müssen – durch Apps und Algorithmen. Die digitalen Programme sind dann dazu da, dass wir »enhanced« werden – optimiert. Und das sind auch Nachwirkungen einer langen theologischen und philoso-

phischen Vorgeschichte. Auch die Aufklärung hat das altherge-
brachte Bild vom Menschen als Sünder nicht revidieren können – der Mensch bleibt auch im aufgeklärten Denken dem
Menschen vor allem ein Wolf, muss durch Gesellschaftsverträge
gezähmt und durch die reine Vernunft gelenkt werden.

- Dazu kommt der moderne Selbstvertrauensverlust durch die
wissenschaftlichen Erkenntnisse der Moderne und die natur-
wissenschaftliche Brille auf den Menschen – etwas, das Sig-
mund Freud unübertroffen als die großen »Kränkungen der
Menschheit« formuliert hat (Freud 2017, 18. Vorlesung). Drei
waren es in seinen Augen – ich rufe sie kurz in Erinnerung:

- Erstens: Die kopernikanische Wende: Die Welt ist nicht der
Mittelpunkt des Weltalls, behütet vom Auge Gottes, sondern
ein kleiner unbedeutender Planet am Rande der Milchstraße.

- Zweitens: Der darwinistische Skandal: Der Mensch stammt
nicht von Gott, sondern eher vom Affen ab. Wie sollen wir seine
Würde, seine exponierte Stellung noch erklären?

- Drittens: Die Freud'sche Provokation: Er selbst stach noch einmal gezielt in die Wunde, die dritte Kränkung, die er beschreibt:
Das Ich ist nicht Herr im eigenen Haus, wir sind unbewusst
gesteuert von Trieben – von wegen freier Wille!

- Ich will die vierte und in unserem Zusammenhang vielleicht
grundlegendste Kränkung noch dazustellen, philosophisch auf-
bereitet hat sie Günther Anders, zu einer Zeit, als es noch keine
Computer gab, sondern nur andere Maschinen. Er nannte die
Kränkung die »Antiquiertheit des Menschen« (Anders 2018).
Und wir erleben diese Kränkung heute täglich: Wir sind keine
Maschinen – im Vergleich mit ihnen versagen wir. Computer
besiegen unsere besten Schachspieler. Schon das Handy kann
alles schneller, weiß die besten Wege und das billigste Essen,
verknüpft schneller und präziser als wir im Kopf. Wir unterliegen immer im Vergleich zu den Maschinen. Weil Maschinen
schneller rechnen, betrachten wir uns selbst als unzurechnungsfähig. Und was noch viel, viel schmerzhafter ist: Maschinen
sterben nicht. Wir schon. Unsere Online-Profile werden uns

überleben. Wir stehen schamrot da. Günther Anders nannte das »promethische Scham«, die Scham, geschaffen und nicht gemacht zu sein. Maschinen überdauern – wir sind Sterbliche, und als die einzige Chance, in der Maschinenwelt zu überleben, erscheint uns dann, uns selbst Stück für Stück zu digitalisieren.

Und jetzt sind wir am wunden Punkt, am Tief- und Wendepunkt dieses Gedankengangs. Im Spiegel des Digitalen wird deutlich, warum wir uns dorthin flüchten, wo alles andauernd ewig hell kontrollierbar und berechenbar ist. Aus Selbstverlust. Aus Leibverlust. Aus Angst vor allem Kontingenten und dem Tod – und umgekehrt aus Angst vor allem Kontingenten und der Lebendigkeit. Auf beides, Leben und Tod, haben wir in der Moderne sehr wenig kollektive »sinnvolle« Antworten. Die technische Lösung ist im Augenblick der kleinste gemeinsame Nenner geworden.

4. Menschwerdung mit Leib und Seele

Ein praktikabler Lösungsweg führt – das wissen Sie als Therapeut*innen bzw. Seelsorger*innen besser als ich – meist direkt durch die Angst hindurch. Die Angst ist der Wegweiser, um durch eine tiefe Krise gehen zu können. Und so sollten wir es jetzt, in der letzten Runde, wagen, möglichst angstfrei auf das zu schauen, was wir im Digitalen vergessen, verdrängen, abspalten und zu überwinden suchen. Und das ist zunächst einmal der Leib. Und die Unberechenbarkeit des Lebens. Die Lebendigkeit.

In der Philosophie gibt es bekanntlich seit rund hundert Jahren eine breite Strömung, die daran erinnert, dass die moderne Aufspaltung in Körper und Geist oder Körper, Geist und Seele uns vielleicht gar nicht gut fassen kann – uns etwas wegnimmt. Das, was wir eigentlich empfinden, wenn wir uns spüren, als leibliche Einheit, das konstituiert uns als Person: Leiblichkeit und Lebendigkeit. Das Gehirn ist kein unabhängiges Organ, und das Bewusstsein ist auch nicht vom Leib getrennt zu haben. Zur begrifflichen Sicherheit, um »Leib« von »Körper« zu unterscheiden, hier noch einmal das Wort Helmuth Plessners: »Ein Mensch *ist* immer zugleich Leib [...] und *hat* diesen Leib als diesen Körper« (Plessner 1970, S. 43). Und der schon erwähnte Thomas Fuchs: »Der Leib ist kein Gegenstand, ja nicht einmal ein momentaner Zustand, denn er ist letztlich *die Bewegung des Lebens selbst.* Er ist nicht *in der Zeit,* sondern er ›zeitigt sich‹. Der Körper hingegen ist der ›festgestellte‹, angehaltene und damit immer schon *vergangene* Leib« (2018, S. 124).

Auch in der Medizin und der Psychotherapie existiert schon lange das Bewusstsein, dass Körper und Seele tief verbunden sind, weswegen man auch das schöne Wort »Psychosomatik« erfunden hat. Das aber greift, wie es derzeit meist verstanden und praktiziert wird, noch viel zu kurz. Es traut dieser Einheit der leiblichen Präsenz eines und einer jeden von uns nicht genügend.

Ich möchte zum Abschluss dieses Gedankengangs drei Impulse zur Leiblichkeit setzen, zur (Wieder-)Erlangung eines leiblichen Selbstbewusstseins, das wir gerade im Gegenüber zur digitalen Welt wiederentdecken können, wahrscheinlich auch müssen und vielleicht/hoffentlich gerade dabei sind zu tun.

Erstens: Unser Selbst ist viel leiblicher, als wir gemeinhin annehmen. Zweitens: Die Praxis der Meditation bezieht sich nicht auf ein rein geistiges Bewusstsein, sondern auf den ganzen Leib. Drittens: Die psychosomatische Praxis – egal ob in Kliniken oder in der therapeutischen Praxis vor Ort – bleibt weiterhin viel zu sehr der Dichotomie von Körper und Seele verhaftet sowie einer Überlegenheit der Seele über den Körper. Vielleicht müsste man sie eher als Wechselspiel von Psychosomatik und Somatopsychik beschreiben.

Wir sind Leibgedächtnis

Unser Bewusstsein ist etwas, das viel leiblicher ist, als wir es die vergangenen Jahrzehnte beschrieben haben. Klar – die Ratio: Der Verstand ist im Kopf verortet, wirkt so vernünftig körperlos und hat tatsächlich in den vergangenen Jahrhunderten unser Bewusstsein dominiert. Nur: Bewusstsein/Selbstbewusstsein ist etwas anderes als Vernunft. Die Ratio ist ein Teil davon. Was ist mit der Intuition, dem Bauchgefühl? Was ist mit der Herzintelligenz, einem inneren Spüren von Stimmigkeit? Was ist mit der Inspiration, die eher aus dem gesamten Körperraum oder dem Scheitelraum stammt? Was ist mit unserer inneren Ausrichtung, die uns nach vorne bewegt und tiefgründig bestimmt?

All das zählt zum Bewusstsein – gibt so etwas wie ein »inneres Navi«, wie es die Gefühlsforscherin Vivian Dittmar genannt hat – und ist sehr leiblich. Wir sind keine Maschinen, keine Hirn-PCs, und nicht verrechenbar (Dittmar 2019)! Diejenigen, die meinen, Bewusstsein könnte sich digitalisieren lassen, Leben wäre in pure Information zu übertragen, lassen außer Acht, dass es immer jemanden geben muss, der die Informationen auch als solche erkennen kann – verstehendes Bewusstsein eben. Das Gehirn ist nicht nur ein Organ wie andere. So schreibt Thomas Fuchs:

> Dieses Organ kann seine Funktionen für sich genommen gar nicht erfüllen. Es ist ein Organ eines Körpers, mit dem es aufs Engste vernetzt ist. Bereits die basale Bewusstseinsaktivität, das primäre, noch unreflektierte Erleben, beruht auf der Interaktion des Gehirns mit dem übrigen Organismus: Bewusstsein entsteht nicht erst im Kortex, sondern es resultiert aus den fortlaufenden vitalen Regulationsprozessen, die den ganzen Organismus mit einbeziehen (Fuchs 2020, S. 39).

Was wir erfahren, »speichern« wir leiblich ab, wächst uns unbewusst leiblich zu. Was wir lernen, lernen wir ganzheitlich leiblich. Beim Flötespielen ist es noch einsichtig, bei traumatischen Erfahrungen muss erst noch ein Bewusstsein für diese Zusammenhänge geschaffen werden. »Muskelpanzer«, nannte Wilhelm Reich Phänomene gefrorener Gefühle, abgekapselter Traumata, im Leib eingewachsener Erfahrungen, die zu Schmerzen, Krankheiten und anderen Beschwerden führen. Man kann sogar so weit gehen zu sagen, dass das »Leibgedächtnis« die Basis der Persönlichkeit ist:

[Es] ist der eigentliche Träger unserer Lebensgeschichte, unserer persönlichen Identität. Es enthält nicht nur die gewachsenen Bereitschaften unseres Wahrnehmens und Verhaltens, unseres In-der-Welt-Seins, sondern auch Erinnerungs- und Sinneinschlüsse, die uns mit unserer biographischen Vergangenheit auf intensivste Weise verbinden und die zugleich Quellpunkte neuer Entwicklungen und Impulse bilden können (Fuchs 2008, S. 36).

Leibes-Übung

Anschlussfrage: Kann man das Vertrauen in die eigene leibliche Existenz trainieren, üben, (wieder) lernen? Ja. Es gibt mittlerweile Hunderte Angebote und Möglichkeiten, »zu sich« zu kommen, die »innere Mitte« zu finden, »Selbstbewusstsein« zu trainieren, sich zu »verbinden« mit dem höheren Selbst. Die Meditationspraxis ist uns vor allem aus Fernost zugewachsen, und das war hochnötig, weil wir im christlich geprägten Westen aus verschiedenen Gründen dazu sehr wenig praktische Kompetenz ausgebildet hatten (christliche mystische Schriften kennen so wenig Anleitung). Meditationspraktiken werden für den Alltag empfohlen, noch mehr aber, wenn der Alltag aus den Fugen gerät. Viele haben ihre eigenen Erfahrungen damit und werden selbst wissen, was es heißt, wenn ich hier betone: All das ist ein zutiefst *leibliches* Training, wird aber merkwürdigerweise immer noch dem Geist, »geistiger«, »spiritueller« Arbeit zugeordnet.

Es könnte sein, dass wir eine Art Übersetzungsfehler weitergeben, der sich eingespielt hat, als die Meditationspraxis – sei es Zen, Yoga, Qigong oder andere Techniken – aus dem Osten in den Westen gebracht wurde. Das sind sehr körperliche Übungen, zugegeben, aber untergründig ist damit dennoch vor allem verbunden, es gehe um Ausbildung der »geistigen Dimension«, vereinfacht gesagt um »Erleuchtung« des Geistes. Manchmal wird Meditation sogar empfohlen (auch Apps sollen das inzwischen tun), damit wir uns geistig besser konzentrieren können und wieder besser funktionieren. Es könnte sein, dass ein Übersetzungsfehler vorliegt, weil die westliche Trennung in Körper, Geist, Seele im Osten so nicht vollzogen wird, weil das spirituell angestrebte *Wachsein* etwas ist, das uns ganzheitlich, leiblich erfasst. Es erfasst uns integral. Das sollten wir ernst nehmen. Wir sind fühlende Wesen, und unser Dasein, unsere Präsenz besteht aus Empfindung.

Somato-Psychik
Krisen, Depressionen, Angststörungen, Psychosen, posttraumatische Belastungsstörungen und so vieles andere, was uns aus dem Alltag herauswirft, können mit dem Verlust oder der Störung von Leiblichkeit oder Körperbewusstheit einhergehen, mit so elenden Körpergefühlen, dass es zum »Aus-der-Haut-Fahren« ist. Wir sind dann »nicht mehr ganz bei uns« oder gar »außer uns«, in Dissoziation oder sogar Wahn. So weit, so bekannt. Und ebenso bekannt ist, dass Meditation, Yoga, Atemtherapie, rhythmische Therapieformen wie TaKeTiNa etc. in einem solchen psychischen Notfall eine zum großen Glück sehr wirksame Praxis darstellen.

Die klassische Psychosomatik bleibt aber meines Erachtens weiter in der Dichotomie gefangen: hier der Gesprächstherapeut, dort die Körpertherapeutin. Auch in den gut ausgestatteten »psychosomatischen« Kliniken geht man erst zum einen, dann zur anderen. Aber: Die Patient*innen kommen mit ihren Prozessen oft erst in der Gleichzeitigkeit und in der Begegnung mit Therapeut*innen, die alle Aspekte des Menschseins (Körperempfinden, Emotionen, Kognitionen und Sinnorientierung) in tiefer Herzlichkeit in sich präsent haben, voran. Gewöhnlich wird weiterhin auseinandergerissen, was eigentlich zusammengehört. Ich möchte die Kraft des Wortes nicht schmälern. Aber ich möchte die Kraft der leiblichen Berührung heute betonen. Ich denke, alle kennen Fälle (und fürchten sie), in denen Klient*innen jahrelang immer wieder aufs Neue zu »begreifen« suchen, was ihnen widerfahren ist, warum sie so und so geworden sind, treu dem Freud'schen Motto »Erinnern, Wiederholen, Durcharbeiten«. Daraus kann ein Wiederkäuen entstehen, das offenkundig nicht zur gewünschten Heilung führt, sondern auf der Stelle treten lässt. Vielleicht geht es bei echter Heilung viel weniger ums Begreifen als vielmehr ums Berühren und Bewegen. Ums Spüren eben – damit man nicht nur sein Verhalten verändern kann, sich selbst nicht nur strategisch geplant verändert, sondern von innen wandelt.

Nun ist inzwischen auch allgemein anerkannt, dass man bei zumindest manchen körperlichen Beschwerden auch psychotherapeutisch vorgeht. Beim Bandscheibenvorfall werden, wenn auch leider noch viel zu selten, nach der somatischen Therapie auch die Psycholog*innen eingeschaltet, damit die Patient*innen mal »reflektieren«, welches Päckchen sie »mit sich herumtragen«. Aber Achtung: Es bleibt bei der klassischen Trennung von Körper und Seele. Und noch wichtiger: Es wird bei der klassischen Gesprächstherapie dann bei dem angesetzt, was uns sowieso bewusst ist oder was wir uns ins Bewusstsein holen können, was wir eben reflektieren können. Das aber ist nur die Spitze des Eisbergs. Was in der einen Richtung funktioniert – in der Gesprächstherapie ansetzen, um vor allem chronische somatische Leiden zu lösen –, geht auch andersherum: Der Leib speichert Gefühle, haben wir gesagt: persönliche, familiäre und auch transgenerational weitergegebene Traumata. Man kommt nun auch über den Körper, über den konkreten »wunden Punkt« an die darin sich offenbarenden Geschichten und Gefühle. Vielleicht sogar viel direkter. Vielleicht sogar völlig wortlos. Manche Praktiker*innen sagen: noch viel wirkungsvoller, weil die meisten dieser Traumata gar nicht durchdacht und durchgekaut werden wollen oder können (deshalb hatte man sie ja weggepackt), sondern ganzheitlich leiblich gespürt – ganz kurz nur, ohne dass Retraumatisierung stattfindet.

Ich bin kein Therapeut, sondern Theologe. Aber ich habe seit Jahren Therapeutinnen und Therapeuten journalistisch begleitet, ihre Erfahrungen dokumentiert, ganz unabhängig von allen psychologischen Methoden, und selbst einige Erfahrungen machen müssen / machen dürfen. Und ich möchte nun zum Abschluss Mut machen, auch die eigene therapeutische Praxis infrage stellen zu lassen – durch die Leiblichkeit. Mehr und mehr drängen Konzepte in den Vordergrund, die das berücksichtigen. Die atemtherapeutischen Richtungen (Atem- und Leibtherapie nach Karlfried Graf Dürckheim, Holotropes Atmen nach Stanislav Grof, Atemtherapie nach Herta Richter etc.) wollen ermöglichen, bislang »unbewohnte« Leibesregionen durch den Atem zu »beleben« und damit die darin verborgenen und oft schmerzhaften Gefühle und Erfahrungen zu transformieren bzw. die eigenen bislang ungeahnten Möglichkeiten zu entfalten. Die Übungen »Tension and Trauma Releasing Exercises« (TRE) nach David Berceli sollen ermöglichen, genau solche »eingefrorenen Gefühle«, die in Muskelgruppen und Faszien komprimierten Traumata, durch spezielles Muskelzittern in Bewegung zu bringen (so wie Tiere sich nach Todesangst wieder »entzittern«) und auf diese Weise sich davon zu befreien. Die Übungen aus dem »Somatic Experiencing« (SE) nach Peter A. Levine haben einen ganz ähnlichen Ansatz, sie kommunizieren nonverbal mit dem Leibgedächtnis, um alte Schock- oder Entwicklungstraumata zu lösen. All diese Praktiken haben gemeinsam, dass man sie schlecht theoretisch diskutieren und beschreiben kann, sondern dass sie sich tatsächlich erst in der Praxis, in der Arbeit am und mit Menschen erschließen, und es ist hier kein Raum, sie weiter darzustellen.

Aber ein konkretes Beispiel einer »somato-psychischen« therapeutischen Arbeit will ich noch genauer beschreiben, die zum einen von Volkmar Glaser und seiner Schule der Psychotonik stammt, zum anderen von einer integrativen Form der Akupunktur, wie sie Jochen Gleditsch in den vergangenen Jahrzehnten für Europa entwickelt hat, und die durch den Münchner Arzt, Schmerztherapeut und Akupunkteur Nicolas Behrens durch die Integration verschiedener therapeutischer Werkzeuge zu einer ganzheitlichen Praxis entwickelt wurde.

Wenn eine Akupunkturnadel an den »wunden Punkt« am Körper gesetzt wird, kann sich das darunterliegende Ereignis, das dem Leib eingeschriebene Trauma lösen – es wird erfahrbar, wahrnehmbar – und kann dadurch aufgelöst, integriert werden. Dies allerdings nur, wenn die Körpertherapeut*innen fähig sind, nun auch zu Psychotherapeut*innen zu werden, z.B. eine spontane

Teilaufstellung zu gestalten oder gezielt den Szenen oder Gefühlen Raum zu geben oder einfach nur präsent, mitempfindend da zu sein.

Jetzt kann aber dieser »wunde Punkt«, der genadelt wird, nicht »nur« eine Verspannung sein – nicht nur Dauermigräne oder Knieschmerz, Bandscheibenleiden oder Ähnliches. Man kann vielmehr auch dort hineinstechen, wo sich Gefühle bemerkbar machen. Wo die Angst ganz besonders »sitzt«. Im Nacken vielleicht. Im unteren Rücken ein anderes Mal. Und mit Glück zeigt sich tatsächlich dann auch das darin verborgene Thema, die zugehörige Geschichte, das Trauma – ob es ein persönliches ist, ein familiäres oder ein kollektives.

Das Interessante und das ganz besonders Heilende ist nun die Unmittelbarkeit. Die Unmittelbarkeit des Leibes. Die Unmittelbarkeit des Fühlens. Man kann ja schön beobachten, auf wie viele Weisen sich Menschen auch in der Gesprächstherapie um die wunden Punkte herumwinden können – unbewusst versteht sich. Und wie schwer es ist, an das heranzukommen, was man sehr gut, sehr tief vergraben hat und was einem eben selbst nicht bewusst ist. All diese Ausweichmanöver des Geistes sind hier ausgehebelt, die Empfindung ist direkt, und die Auflösung geschieht auf einer Ebene, die gar nicht viele Worte braucht – aber die leibhafte Empfindung, den unverstellten, unmittelbaren, Verständnis und Sicherheit signalisierenden Dialog. Weil wir eben empfindsame und fühlende Wesen sind. Weil wir bis in die letzte Zelle hinein spirituelle Wesen sind und umgekehrt daher das Spirituelle untrennbar mit unserem leiblichen Dasein auf dieser Welt verbunden ist. (Wichtig bei therapeutischer Körper- bzw. Leibarbeit ist selbstverständlich immer das völlige Einverständnis der Patient*innen bzw. Klient*innen zu jedem einzelnen Schritt. Sensible Kommunikation, überprüfbare Stimmigkeit der Berührungen und Klarheit der Rollen sind Vorbedingungen, um ungewollte Übergriffigkeiten oder Retraumatisierungen auszuschließen.)

Ausblick: Neues Selbstverständnis gesucht

Wir sind nicht mehr dieselben. Wir verlagern unser »Sein« meist unbemerkt ins Digitale. Das war der Ausgangspunkt unserer Überlegungen. Wenn wir den sich daraus ergebenden Herausforderungen verantwortungsvoll gewachsen sein wollen, braucht es ein massives Gegensteuern. Dieses Gegensteuern ist aber nicht etwa durch Dauerreflexion über »Verhaltensregeln« in den Sozialen Medien, über Probleme der Algorithmen oder Tracking durch Apps zu erreichen. Die meisten Veränderungen im Selbst- und Weltbild geschehen vorreflexiv, wie wir gesehen haben. So werden die neuralgischen Punkte im täglichen Gebrauch der digitalen Endgeräte gar nicht mehr wahrnehmbar.

Ein wichtiger Weg erscheint mir, ganz neu über das Selbstverständnis von lebendigen Wesen nachzudenken oder dem nachzuspüren. Leiblichkeit kann dafür einer der zentralen Begriffe dazu werden. Mehr noch: eine zentrale Praxis, für jeden und jede einzeln, aber auch für die therapeutische bzw. seelsorgerliche Arbeit oder pädagogische oder künstlerische Arbeitsfelder. Wer die eigene, leibliche Präsenz im Hier und Jetzt stärkt, gewinnt dadurch ganz nebenbei möglicherweise Freiheiten zurück, die durch digitale Medien und Welten versprochen und doch gleichzeitig gekapert wurden.

Wer am Leib ansetzt, am lebendigen Erleben, wird vielleicht Wege durch die Angst finden, die derzeit untergründig oder bewusst bei vielen lebensbestimmend ist und die wir auch als einen der Grundmotoren des unaufhaltsam scheinenden Prozesses der Digitalisierung identifizieren konnten. Es geht also um die Verteidigung der Menschen als Sterbliche – und damit als Lebendige.

Anmerkungen

1 Aus dem *Saggiatore* von 1623, zitiert in Behrends 2010.
2 Zu den Funktionen der Angst vgl. Hüther 2020.
3 Vgl. ausführlich zur Ikonografie Martin 1995, S.27ff.; 2017, Stichwort Körper / Körperbild / Leiblichkeit.

Literatur

Anders, G. (2018): Die Antiquiertheit des Menschen. Bd. 1: Über die Seele im Zeitalter der zweiten industriellen Revolution. 4., durchgesehene Aufl. C.H. Beck, München.

Behrends, E (2010): Ist Mathematik die Sprache der Natur? In: Mitt. Math. Ges. Hamburg 29 (2010), S. 53–70.

Diefenbach, S. / Ullrich, D. (2016): Digitale Depression. Wie neue Medien unser Glücksempfinden verändern. mvg, München.

Dittmar, V. (2019): Das innere Navi. Wie du mit den fünf Disziplinen des Denkens Klarheit findest: Wie Intuition, Inspiration, Herzintelligenz und Absicht mit der Ratio zusammenspielen. edition est, München.

Freud, S. (2017): Vorlesungen zur Einführung in die Psychoanalyse, 18. Vorlesung, https://www.projekt-gutenberg.org/freud/vorles1/chap018.html [Zugriff 25.6.2021].

Fuchs, T. (2018): Leib, Raum, Person. Entwurf einer phänomenologischen Anthropologie. 3. Aufl. Klett-Cotta, Stuttgart.

Fuchs, T. (2020): Verteidigung des Menschen. Grundfragen einer verkörperten Anthropologie. Suhrkamp, Berlin.

Fuchs, Thomas (2008): Leibgedächtnis und Lebensgeschichte. In: Friedrich, M. A. / Fuchs, T. / Koll, J. / Krondorfer, B. / Martin, G. M. (Hg.): Der Text im Körper. Leibgedächtnis, Inkarnation und Bibliodrama. Bibliodrama Kontexte Bd. 8. EBV, Berlin, S. 10–37.

Gronemeyer, M. (1996): Das Leben als letzte Gelegenheit. Sicherheitsbedürfnisse und Zeitknappheit. 2. Aufl. WBG, Darmstadt.

Hüther, G. (2020): Wege aus der Angst. Über die Kunst, die Unvorhersehbarkeit des Lebens anzunehmen. Vandenhoeck & Ruprecht, Göttingen.

Lanier, J. (2018): Zehn Gründe, warum du deine Social Media Accounts sofort löschen musst. Rowohlt, Reinbek bei Hamburg.

Mau, S. (2017): Das metrische Wir. Über die Quantifizierung des Sozialen. Suhrkamp, Berlin.

Markowetz, A. (2015): Digitaler Burnout. Warum unsere permanente Smartphone-Nutzung gefährlich ist. Droemer, München.

Martin, G. M. (1995): Sachbuch Bibliodrama. Praxis und Theorie. Kohlhammer, Stuttgart.

Martin, G. M. (2017): Lebensräume – Gottesräume. Praktisch-theologische Themenfelder in enzyklopädischer Perspektive. Kohlhammer, Stuttgart.

Milzner, G. (2017): Wir sind überall, nur nicht bei uns. Leben im Zeitalter des Selbstverlusts. Beltz, Weinheim/Basel.

Morgenroth, M. (2016): Sie kennen dich! Sie haben dich! Sie steuern dich! Die wahre Macht der Datensammler. Knaur, München.

Morgenroth, M. (2018): Handyman. Eine Anatomie des digitalisierten Menschen. Radiofeature von Matthias Morgenroth, Erstsendung BR/Bayern 2, 21.11.2018, 18:05–19:00.

O'Neil, C. (2018): Angriff der Algorithmen. Wie sie Wahlen manipulieren, Berufschancen zerstören und unsere Gesundheit gefährden. 2. Aufl. Hanser, München.

Plessner, H. (1970): Philosophische Anthropologie. Suhrkamp, Frankfurt am Main.

Schmidt, J.-H. (2014): Warum das Social Web in unsere Zeit passt. In: Grimm, P. / Müller, M. (Hg.): SocialMania. Medien, Politik und die Privatisierung der Öffentlichkeiten. Schriftreihe Medienethik Bd. 13. Franz Steiner, Stuttgart, S. 23–32.

Schulze, G. (2014): Die Zukunft des Eigensinns. In: Grimm, P. / Müller, M. (Hg.): SocialMania. Medien, Politik und die Privatisierung der Öffentlichkeiten. Schriftreihe Medienethik Bd. 13. Franz Steiner, Stuttgart, S. 33–42.

Spiekermann, S. (2019a): Digitale Ethik: Ein Wertesystem für das 21. Jahrhundert. Droemer, München.

Spiekermann, S. (2019b): Der Mensch als Fehler. In: Süddeutsche Zeitung 23./24.3.2019, S. 13. https://www.sueddeutsche.de/kultur/kuenstliche-intelligenz-ethik-menschenbild-philosophie-1.4378898 [Zugriff 16.6.2021].

Spitzer, M.: (2014): Digitale Demenz. Wie wir uns und unsere Kinder um den Verstand bringen. 9. Aufl. Droemer, München.

Spitzer, M. (2017): Cyberkrank! Wie das digitale Leben unsere Gesundheit ruiniert. 3. Aufl. Droemer, München.

te Wildt, B. (2015): Digital Junkies. Internetabhängigkeit und ihre Folgen für uns und unsere Kinder. Droemer, München.

Virilio, P. (2015): Rasender Stillstand. 5. Aufl. S. Fischer, Frankfurt am Main.

WALTER HOMOLKA

Vertrauen, Verrat, Verbundenheit – Zuversicht?

Vertrauen, Verrat, Verbundenheit. Diese drei Schlagworte spielen für uns alle, auf die eine oder andere Art und Weise, eine Rolle. Auch wenn im Folgenden auf die jüdische Gemeinschaft in Deutschland fokussiert wird, ist es unumgänglich, den Blick zu Beginn zu weiten.

Die Covid-19-Pandemie hat uns allen unsere Grenzen aufgezeigt – als Individuen, als Gesellschaft, manche würden sogar sagen: als Spezies. Ausgerechnet in dieser Zeit über »Vertrauen« zu schreiben, fällt nicht leicht. Vertrauen in was? Vertrauen in wen? Mit der seit Beginn der Pandemie oft täglich erlebten Hilflosigkeit beginnt auch das Vertrauen, ins Wanken zu geraten. Das Vertrauen in Institutionen beispielsweise: Niemand weiß mit Sicherheit, wie sich zu verhalten in dieser Zeit, und niemand weiß, wann die globale Pandemie in den Griff zu bekommen ist. Das Vertrauen in die Wissenschaften: Wir haben uns daran gewöhnt, dass die Wissenschaften Antworten geben auf Fragen – beispielsweise Fragen zu unserer Gesundheit. Das Vertrauen in einen vermeintlichen gesellschaftlichen Zusammenhalt: Die Covid-19-Pandemie zeigt deutlich, welche gesellschaftlichen Probleme dicht unter der Oberfläche brodeln, dass sie in Momenten der Verunsicherung geradezu explodieren, dass Zusammenhalt implodiert.

Die Liste gesellschaftlicher Phänomene, die uns dieser Tage beschäftigen, ist lang. Es genügen einige weitere Schlagworte, um zu zeigen, dass sie alle mit dem Titel dieses Aufsatzes verbunden werden können: Wissenschaftsfeindlichkeit, Rassismus, Antisemitismus, Abwägungen von Gesellschaft nach arm und reich, nach jung und alt, nach krank und gesund, nach schützenswert und nicht schützenswert, nach durch Lobbyverbände verteidigte Gruppen und den Nicht-Vertretenen und Unsichtbaren. Die Toten der Covid-19-Pandemie werden nüchtern aufgerechnet, kleingerechnet und mit den Todesfällen anderer Erkrankungen verglichen, dem wirtschaftlichen Schaden der Schutzmaßnahmen gegenübergestellt oder sogleich als verschmerzbare Opfer, deren Lebenszeit bereits so gut wie beendet war, dargestellt. Mit den gefundenen Impfstoffen geraten neue Fragen in den Blick: Wer bekommt wann eine Impfung – und wird bis dahin das System der Triage greifen müssen? Das Vertrauen in Institutionen, in Gesetze, in Demokratie ist in weiten Teilen der Gesellschaft erschüttert – und manche machen sich diese Verunsicherung zunutze. Sie fühlen sich *verraten*. Verraten von der Politik, von der Presse, von ihren Mitmenschen. Sie suchen Schuldige, und wenn sie nicht auffindbar sind, werden Schuldige konstruiert. Ihrer eigenen, gerade in diesen Monaten so deutlich empfundenen Schwäche setzen sie die Stärke des Ausschließens entgegen. Es hat keine zwei Tage nach Bekanntwerden des Coronavirus gedauert, schon kamen Menschen zusammen, in Verbundenheit unter dem Schirm aufgewärmter und radikalisierter Verschwörungsmythen. Gleich nach »den Chinesen« wurden »die Juden« als Verantwortliche für die globale Pandemie ausgemacht. Zuerst im Internet, in den globalen »sozialen« Netzwerken, in Foren und in den verborgenen Ecken des Darknets, dann auf unseren Straßen fanden und finden diese radikalen und durch globale Vernetzung beschleunigten Verschwörungsmythen ihren Ausdruck. In Demonstrationen in Berlin oder Stuttgart, die in Gewalt umschlugen – bis hin zum Erklettern der Treppe vor dem Westportal des Reichstags, die Reichskriegsflagge schwenkend.

Verbundenheit, das dritte Schlagwort des Titels dieses Beitrags, findet hier in seinem negativen Potenzial Verwendung. Denn Verbundenheit, das darf nicht ignoriert werden, verspüren auch diejenigen, die die Covid-19-Pandemie nutzen möchten, Gesellschaft umzuformen, schwer erkämpfte Minderheitenrechte einzuschränken und gesellschaftliche Vielfalt hin zur Homogenität zu verändern.

Ein weiterer, bereits genannter Aspekt wäre dem alliterativen Titel des Aufsatzes eigentlich hinzuzufügen: *Verunsicherung*. Dieses Wort bezeichnet den gegenwärtigen Zustand großer Teile der jüdischen Gemeinschaft auf bedauerlich treffende Art und Weise.

Um dies zu veranschaulichen, ist ein kurzer Exkurs in eine kursorische Geschichte der jüdischen Gemeinschaft in Deutschland der letzten 30 Jahre notwendig. Die jüdische Gemeinschaft in Deutschland hat in dieser Zeit einen grundlegenden Wandel durchlaufen. Nach dem Ende der Schoa und der Vernichtung weiter Teile des europäischen Judentums gab es in Deutschland – in der Bundesrepublik wie in der DDR – kaum jüdisches Leben. Die Nachfahren von Jüdinnen und Juden, die die Schoa überlebt und Deutschland nicht verlassen hatten, sowie die wenigen zugewanderten oder zurückgekehrten Jüdinnen und Juden bildeten eine aus heutiger Sicht winzige Gemeinschaft: 1990 lebten zwischen 20 000 und 30 000 Jüdinnen und Juden in Deutschland (Dashefsky/Sheskin 2020, S. 28). Zu dieser kleinen Gruppe sogenannter »Alteingesessener« kam nach der Implosion der Sowjetunion eine »neue« Gruppe hinzu, die die jüdische Gemeinschaft im Deutschland der Gegenwart zu über 80 % ausmacht: Aus den Nachfolgestaaten der Sowjetunion kamen in den 1990er-Jahren über 212 000 Jüdinnen und Juden als sogenannte »Kontingentflüchtlinge« nach Deutschland. So wuchs die jüdische Gemeinschaft binnen kürzester Zeit auf ein Zehnfaches an. Nicht nur aufgrund der Quantität dieses Migrationsprozesses veränderte die postsowjetisch-jüdische Einwanderung die jüdische Gemeinschaft nachhaltig. Mit dieser Einwanderung kam auch ein breites Spektrum jüdischer Geschichten, die alle Ebenen des jüdischen Lebens tangieren sollten und die die Gemeinschaft bis heute prägen. Diese Gruppe von Jüdinnen und Juden brachte kulturell, sprachlich, politisch und religiös eine neue Vielfalt nach Deutschland. Viele von ihnen hatten in der ehemaligen Sowjetunion ihre jüdische Identität nicht ausleben können – wo die ethnische Zugehörigkeit zur jüdischen Gemeinschaft im sowjetischen Pass mit dem Eintrag »Jewrej« markiert war und Jüdinnen und Juden unter Stigmatisierung und Verfolgung litten.

Galt Deutschland nach dem nationalsozialistischen Massenmord lange Zeit weltweit und besonders in Israel als ein »Unort« für jüdisches Leben, machten sich in den zurückliegenden Jahren erstmals nach der Schoa Jüdinnen und Juden bewusst auf den Weg, um in diesem Land Fuß zu fassen.

Erst in Deutschland, welch Ironie der Geschichte, gab es für viele Jüdinnen und Juden die Möglichkeit, jüdische Identitäten kennenzulernen und zu leben. Der zunächst hiermit einhergehende positive Bezug zu Deutschland und den Möglichkeiten, die dieses Land den Einwanderer*innen versprach, stand und steht im nicht zu überbrückenden Kontrast zum Narrativ der Überlebenden, ihrer Kinder und Enkel. Während die postsowjetische Einwanderung vielen Jüdinnen und Juden das Leben in Deutschland ermöglichte, für die die Schoa kein wesentlicher biografischer Bezugspunkt darstellte, war und ist die Schoa für viele der »Alteingesessenen« ein wesentlicher Teil ihrer Identität – sei es durch die Erinnerung an ermordete Verwandte oder die Alltagsfragen, was der Lehrer oder die Erzieherin, die Nachbarin oder der Bäcker im Nationalsozialismus getan hatten. Die Vernichtung des europäischen Judentums hatte viele Dimensionen, die in die Bundesrepublik und die DDR hinein fortwirkten – auch durch die Identitätskonstruktionen der deutschen Nachkriegsgesellschaft, für die Jüdinnen und Juden in erster Linie durch das Prisma der Schoa betrachtet wurden.

Ab den 1990er-Jahren bis in die Mitte der 2000er-Jahre waren die beiden Communitys, die »Alteingesessenen« und die »Neuen«, insbesondere von Aushandlungsprozessen geprägt. Das waren kulturelle und sprachliche Aushandlungsprozesse, religiöse Aushandlungsprozesse zwischen liberalem Judentum und orthodoxem Judentum, das waren Prozesse der Anerkennung von Migrationserfahrungen oder der Anerkennung tradierter Traumata.

Diese Aushandlungsprozesse waren belastet davon, dass die Integration von über 200000 Jüdinnen und Juden von staatlicher

Seite größtenteils den Gemeinden überantwortet wurde. Und auch wenn die Gemeinden und Institutionen wie die Zentralwohlfahrtsstelle und der Zentralrat der Juden in Deutschland hier vieles erreicht haben, müssen wir in der Rückschau resümieren, dass dieses Überlassen der Integrationsarbeit für semiprofessionelle Strukturen auch die Folge hatte, dass viele sich einerseits von den Gemeinden entfernten, andererseits viele Jüdinnen und Juden nach ihrer Einwanderung vonseiten der Gesellschaft wie auch staatlichen Institutionen den Eindruck vermittelt bekamen, dass sie hier stets »die Anderen« seien. Dies wurde zum Beispiel dadurch vermittelt, dass Abschlüsse nicht anerkannt oder Rentenansprüche[1] verweigert wurden. Beides führte dazu, dass Jüdinnen und Juden vor allem der ersten Einwander*innen-Generation oftmals sozial marginalisiert waren. Die Geschichten des Klinikumsdirektors aus Kiew, der zum Taxifahrer in Bottrop wurde, der Mathematikprofessorin aus St. Petersburg, die in Straubing als Haushaltshilfe arbeiten musste, waren innerhalb der jüdischen Gemeinschaft lange Zeit Realität. Vertrauensbildend war dies nicht.

Seit Anfang der 2000er-Jahre ist es zu einer weiteren Bewegung von Jüdinnen und Juden nach Deutschland gekommen, nämlich zum Zuzug von Israelis nach Deutschland, vornehmlich nach Berlin. Die aus Israel zugewanderten Jüdinnen und Juden sind meist jung, gut ausgebildet. Sie begreifen ihre Zuwanderung selbstbewusst eher als Mobilitätsbewegung und nicht als Migration. Und es sind in erster Linie nach eigenen Identitätsauffassungen *Israelis* – und nicht *Jüdinnen und Juden*.

All diese Bewegungen hatten und haben zur Folge, dass die jüdische Gemeinschaft in Deutschland heute so vielfältig ist wie nie nach der Schoa. Und diese Vielfalt wurde seit den 2010er-Jahren begleitet von einem institutionellen Wachstum, das die heutige Gemeinschaft wesentlich mitprägt: Allein im Rahmen der Leo Baeck Foundation gestalten das Abraham Geiger Kolleg und das Zacharias Frankel College durch ihre jeweilige Rabbiner*innenausbildung wesentlich das religiöse jüdische Leben in Deutschland. Das Begabtenförderungswerk der jüdischen Gemeinschaft, das Ernst Ludwig Ehrlich Studienwerk (ELES), richtet sich an besonders begabte jüdische Studierende und Promovierende. Diese Institutionen haben in den vergangenen Jahren eine dynamische Entwicklung genommen, die sich im heutigen jüdischen Leben auf allen Ebenen positiv auswirkt. Jüdisches Leben ist sichtbarer geworden, selbstbewusster und lauter. Junge Jüdinnen und Juden, zu großen Teilen die Kinder der postsowjetischen Zuwander*innen, gestalten heute die jüdische Gemeinschaft und zunehmend auch die Gesamtgesellschaft mit.

Es haben sich vor allem aus dem Ernst Ludwig Ehrlich Studienwerk heraus lokale, regionale und auch nationale Initiativen gegründet, die besonders an der Schnittstelle von Religionsgemeinschaft und Gesellschaft aktiv sind. Von Programmen wie den *Dialogperspektiven. Religionen und Weltanschauungen im Gespräch*, das sich zur europäischen Plattform für interreligiös-weltanschaulichen Dialog entwickelt hat, bis hin zu studentischen Organisationen wie *Studentim*, dem jüdisch-muslimischen Thinktank *Karov-Qareeb* oder der Initiative *Keshet* für Jüdinnen und Juden, die sich als LGBTQI+ identifizieren – es gibt eine Generation junger Jüdinnen und Juden, die sich auf den vielfältigsten Ebenen in die jüdische Gemeinschaft, aber auch in die Gesellschaft einbringen. Diese Institutionen, Programme und Initiativen sind auch Zeichen des einen Wortes, das ich vorhin zunächst negativ interpretiert habe: *Verbundenheit*. Sie sind Ausdruck einer innerjüdischen Verbundenheit, aber auch des Gestaltenwollens der gemeinsamen Gesellschaft, ein Zeichen der Verbundenheit mit dieser Gesellschaft. Denn: Es lohnt sich nur, sich für eine Gesellschaft zu engagieren, an die man Erwartungen hat, an der einem gelegen ist, an deren Potenziale geglaubt wird.

Vor dem 9. Oktober 2019 war *Zuversicht* das Schlagwort, unter dem sich die Stimmung innerhalb der jüdischen Gemeinschaft in Deutschland hätte subsumieren lassen. Die antisemitischen Anschläge und Angriffe nicht nur 2019 in Halle, einen Monat später in Freiburg oder 2020 in Hamburg machen es heute unmöglich, weiter von Zuversicht zu sprechen. Denn parallel zur Entwicklung

124

der jüdischen Gemeinschaft in Deutschland gab es und gibt es eine Entwicklung, die gerade im Kontext dieses Tagungsbands beschäftigen muss: Der Jurist Ronen Steinke hat 2020 einen bedeutsamen Band veröffentlicht: »Terror gegen Juden. Wie antisemitische Gewalt erstarkt und der Staat versagt«. Der Hauptteil dieses eindrucksvollen Bandes ist eine akribisch recherchierte Chronik gewaltsamer antisemitischer Straftaten, die in Deutschland seit dem Ende der Schoa an Jüdinnen und Juden verübt wurden (Steinke 2020, S. 139ff.). Diese Chronik umfasst 100 Seiten. Allein in der zuvor beschriebenen Zeit seit 1990 sind über 680 Straftaten an Jüdinnen und Juden begangen worden. »Über« heißt es, weil Steinke in seinem Band sehr beklemmend schildert, wie wenige der Straftaten zur Anzeige gebracht werden. Die »Dunkelziffer« müsse, so Steinke in einem Interview für den Podcast des Ernst Ludwig Ehrlich Studienwerks, auf mindestens das Dreifache beziffert werden (Steinke 2020, 24. September: Machloket & Mischpoke. Folge 11. www.buzzsprout.com). Statistische Erhebungen sprechen eine ebenso deutliche Sprache: 20 % der deutschen Bevölkerung haben antisemitische Einstellungen (Küpper/Zick 2020, S. 113). Wir sprechen also von Millionen Menschen in Deutschland, die gegenüber Jüdinnen und Juden negativ eingestellt sind, deren Denken und Handeln von Stereotypen und Vorurteilen geprägt sind. Ohne Minderjährige sind das immer noch 13 Millionen Menschen. Diese Zahlen und Statistiken werden im Alltag von Jüdinnen und Juden zu Erlebnissen, zu den Nadelstichen des Alltagsantisemitismus, zur stets vorhandenen Sorge um die Sicherheit der Familie, schlimmstenfalls zur erlebten physischen Gewalt. Diese Tatsache war immer Bestandteil in den Abwägungen jüdischer Menschen, ihr Leben hier in Deutschland zu gestalten.

Die Süddeutsche Zeitung hat einige Tage nach dem antisemitischen Angriff in Hamburg eine Polemik über den jüdischen Künstler Igor Levit veröffentlicht und lieferte damit eine Blaupause für den erlebten Alltagsantisemitismus von Juden und Jüdinnen in ihrer deutschen Lebensrealität: Der Pianist Levit, der sich selbst in Bezug auf den Anschlag in Hamburg und den Antisemitismus öffentlich bei Twitter als »müde« und »wütend« beschrieben hat, wurde in dem Text der Süddeutschen verhöhnt. Die von Levit geschilderte Ermüdung im Kampf gegen Antisemitismus wird gegen ihn in Stellung gebracht. Unter dem Deckmantel einer »Musikkritik« scheut der Autor nicht davor zurück, den Menschen Levit als unauthentisch zu beschreiben, ihn in Verbindung mit einer nicht näher beschriebenen »Opferanspruchsideologie« zu setzen, seinen Kampf gegen Rassismus und Antisemitismus als lohnenden Marketingcoup zu bezeichnen oder gar als »lustiges Hobby« (Mauró 2020, 16. Oktober: www.sueddeutsche.de). Carolin Emcke, Trägerin des Friedenspreises des Deutschen Buchhandels, merkte trefflich an, dass einige Formulierungen des Textes antisemitische Zuschreibungen und Klischees aufrufen. Dabei komme es nicht darauf an, ob dies ungewollt geschehen sei, wie die Redaktion in ihrer Entschuldigung für den Text schrieb, denn auch unwissentlich geäußerte Vorurteile reproduzieren Vorurteile (Emcke 2020, 21. Oktober: www.sueddeutsche.de). Dieses Beispiel beschreibt in mehrerlei Hinsicht Phänomene, mit denen Juden und Jüdinnen in Deutschland immer wieder umgehen müssen: Erstens wird die Perspektive der Betroffenheit von Antisemitismus nicht ernstgenommen, mehr noch: sie wird offen diskreditiert, zweitens werden etwaige Emotionen, die Ziele von Antisemitismus empfinden – bei Levit Wut und Müdigkeit im Sinne einer emotionalen Erschöpfung und als Ausdruck einer resignierten Verzweiflung –, verhöhnt, und drittens wird die öffentliche Positionierung gegen Antisemitismus als »gefühlig« diskreditiert.

Die zuvor erwähnte Zuversicht war immer eine Zuversicht *trotz* des virulenten Antisemitismus in Deutschland – eine Zuversicht, die trotz allem ein Vertrauen in Deutschland als möglich erscheinen ließ. In dem Buch »Weil ich hier leben will …« beschrieben junge Juden und Jüdinnen ihre vielfältigen Perspektiven auf das jüdische Leben in Deutschland. Veröffentlicht wurde der Band 2018 – aus heutiger Sicht vor einer halben Ewigkeit: vor dem Mord an dem Kommunalpolitiker Walter Lübcke, die bundesweit verschickten Drohbriefe des NSU 2.0, dem Terroranschlag auf die

Synagoge in Halle, dem terroristischen Attentat in Hanau, der weiteren Radikalisierung der AfD, dem Bekanntwerden rechter Chatgruppen in Polizei und Bundeswehr, der Covid-19-Pandemie, die eine Dynamisierung antisemitischer Verschwörungsmythen bewirkte, und dem Mordanschlag auf einen jüdischen Studenten in Hamburg. Die eindringlichen Beschreibungen der Lebenswelten in diesem Buch legten dem*der aufmerksamen Leser*in bereits damals nahe, dass es keine einfache Antwort auf die Frage nach der jüdischen Zukunft in Deutschland gibt.

Jüdinnen und Juden verknüpfen ihr Leben in Deutschland auch mit Forderungen. Daher auch die drei Auslassungspunkte im Titel des Buches: Die Autorinnen und Autoren sollten den Satz »Weil ich hier leben will …« jeweils vervollständigen.

Die Kulturwissenschaftlerin Olga Osadtschy berichtete in ihrem Text: »[E]s ist ein Reflex, eine innere Unruhe, die über mich kommt, wenn Ada [ihre Tochter, W. H.] einer wildfremden Person in der Tram vom jüdischen Kindergarten erzählt« (Osadtschy, 2018, S. 60). Mit diesem Gedanken greift sie eine weitverbreitete Normalität innerhalb der deutsch-jüdischen Identität auf. Oft, zu oft, müssen Jüdinnen und Juden ihr Judentum verstecken. Hier gibt es Abstufungen: Das vollständige Verstecken der jüdischen Identität, die bewusste Vermeidung von hebräischen Namen für die Kinder, das Verheimlichen des Jüdischseins in Schule und Beruf. Selbst Juden und Jüdinnen, die den jüdischen Anteil ihrer Identität nicht grundsätzlich verbergen, kennen oft genug Gegenden und Situationen, in denen es ihnen ratsam erscheint, die Davidsternkette zu verbergen oder die Kippa abzusetzen. Nicht grundlos betonte Max Czollek in seinem Beitrag, dass eine »Normalisierung bis auf weiteres ein unerreichbares Ziel bleiben wird« (Czollek 2018, S. 86). Die Lebenswirklichkeit steht der vermeintlichen Normalisierung radikal entgegen. Jüdische Normalität heute bedeutet eben auch: wegen des Tragens jüdischer Symboliken in der Öffentlichkeit attackiert zu werden, in Schule, Arbeitswelt, Verein oder Nachbarschaft mit antisemitischen Vorurteilen konfrontiert zu werden. Abgeschottete Synagogen, jüdische Schulen und Kindergärten sind Ausdruck jüdischer Normalität in unserem Land. Und dennoch schreibt Yan Wissmann in dem Band: »Dies ist genau mein Land. Mit all – und trotz – seiner Vergangenheit; mit seinen Widersprüchen und Verklemmtheiten, aber auch mit seinen Neuerungen und ja, eben auch seinen kulturellen und intellektuellen Traditionen, welche jüdische Deutsche unmittelbar prägten« (Wissmann 2018, S. 98). Die Verbundenheit zu Deutschland wird in seiner Aussage offenkundig – eine Verbundenheit, die an Stärke gewinnt, wenn Bürgerinnen und Bürger sich solidarisch gegenüber Juden und Jüdinnen zeigen oder wenn Poliker*innen sich einsetzen, wie die Brandenburgische Kultusministerin Manja Schüle, die den Kampf gegen Antisemitismus in der brandenburgischen Landesverfassung verankert sehen möchte. Wichtig sind auch die kleinen Gesten im direkten sozialen Umfeld, die Juden und Jüdinnen nach antisemitischen Vorfällen signalisieren, dass man mit ihnen mitfühlt, und deutlich gegen jegliche Anfeindung Stellung bezieht – einfache Taten, die verbinden und ermutigen, die Sorgen aber nicht vertreiben können. So meint Igor Mitchnik, dass »Jüdischsein in diesem Land Zeit meines Lebens ein schmerzhaftes Thema bleiben wird« (Mitchnik 2020, S. 178). Ein Schmerz, der Linderung erfahren kann, wenn etwa Frederike Faß, die Leiterin des Evangelischen Studienwerks Villigst, anlässlich des Strebens der AfD-nahen Desiderius-Erasmus-Stiftung nach Aufnahme in den Kreis der staatlich geförderten politischen Stiftungen auch für ihre Studierenden und Promovierenden zum entschiedenen Kampf gegen Antisemitismus und Rassismus auffordert (https://www.evstudienwerk.de/images/stories/pdf/presse/Positionspapier_final_sicher.pdf).

»Weil ich hier leben will …«. Auch heute versuchen Juden und Jüdinnen immer wieder, diesen titelgebenden Satz neu zu vollenden: Weil Jüdinnen und Juden hier leben wollen – muss der Staat sie schützen, muss die Zivilgesellschaft gegen Antisemitismus und Rassismus aufstehen, muss Politik den vielen Reden Taten folgen lassen, darf die Vergangenheit nicht vergessen werden, darf Judenhass nicht wieder salonfähig sein, dürfen Jüdinnen und Juden im Kampf gegen Antisemitismus nicht allein gelassen werden. Die Liste der Forderungen ließe sich mühelos fortführen. Eines ist dabei immer wieder wichtig zu betonen: Jüdinnen und Juden sind nicht *das Andere*, als das sie sich allzu oft wahrgenommen fühlen und vor allem medial dargestellt werden. Sie sind deutsche Staatsbürgerinnen und Staatsbürger. Halle war und Halle ist inzwischen zu einer Chiffre geworden – einer Chiffre für eine Zäsur im jüdischen Leben Deutschlands. Vor etwas über einem Jahr wollte das Ernst Ludwig Ehrlich Studienwerk mit seinen Stipendiat*innen und Ehemaligen, den Vertrauensdozent*innen, der jüdischen Gemeinschaft, aber auch mit dem Bundespräsidenten und vielen Repräsentant*innen der nichtjüdischen Mehrheitsgesellschaft sein 10-jähriges Jubiläum feiern. Und dann – einen Tag zuvor, an Yom Kippur – die Nachricht aus Halle. Das Wissen, dass Menschen sich in der Synagoge in Todesangst verschanzen mussten. Das Wissen darum, dass der Terrorist Menschen getötet hatte. Diese Riesenangst und die Sorge darüber, was hier in Deutschland am höchsten jüdischen Feiertag passieren konnte. Zwei Menschen sind an diesem Tag in Halle getötet worden. Jana L., die an der Synagoge vorbeilief, als der Attentäter versuchte, in das Gebäude einzudringen. Und Kevin S., der in einem Döner-Imbiss erschossen wurde. Zwei Menschen umgebracht von einem Rechtsterroristen. Später wird er im Prozess aussagen, dass ihm Juden und Jüdinnen und vor allem jüdische Kinder lieber gewesen wären. Zwei ELES-Stipendiat*innen und auch ein Kandidat für das Rabbinat waren in Halle in der Synagoge gewesen.

Nach den Geschehnissen in Halle wurde sehr schnell von der Tat eines Einzelnen gesprochen. Als wären seine Gedanken nicht untrennbar mit seiner Erziehung, seinem sozialen und digitalen Umfeld und den alltäglichen Ressentiments unserer Gesellschaft verknüpft. Deutschland hat eine lange Tradition rechter, antisemitischer und rassistischer Gewalt, die in alle Gesellschaftsschichten und in alle Institutionen hineinreicht. Rechte »Einzeltäter« fühlen sich gestärkt durch eine Vielzahl von Menschen, die sie online, aber auch offline in ihrem Weltbild unterstützen und die sie zu Taten ermutigen oder auffordern. Wir haben eine Partei, die von unseren Mitbürger*innen in fast alle Landesparlamente und in den Bundestag gewählt wurde. Diese Partei hat sich laut dem jüngst erschienenen »Popularismusbarometer 2020« der Bertelsmann Stiftung zu einer »zunehmend von rechtsextremen Einstellungen geprägten Wählerpartei entwickelt« (Vehrkamp/Merkel 2020, S. 8). »Die größte Bedrohung geht weiterhin vom Rechtsextremismus aus«, erklärte Bundesinnenminister Horst Seehofer im Mai 2020 (Seehofer 2020, 27. Mai, BMI-Pressekonferenz: www.bmi.bund.de). Der Terroranschlag in Halle war kein Einzelfall.

Im Oktober 2020 haben die jüdischen Gemeinden den ersten Yom Kippur »nach Halle« gefeiert. Unter massivem Sicherheitsschutz, in manchmal festungsartigen Synagogen. Etliche Gemeinden wenden immer noch große Teile ihres Budgets für ihren Schutz auf. Auch in 2020 waren die privat bezahlten und ehrenamtlichen Sicherheitsteams in der ganzen Republik zu den Feiertagen im Einsatz. Dabei ist anzumerken, dass die Notwendigkeit und die mangelnde Umsetzung des Schutzes deutscher jüdischer Staatsbürger*innen als Verrat betrachten werden kann. Nach den Terroranschlägen auf die französische Satirezeitschrift Charlie Hebdo war die Welt vereint unter dem Slogan »Je suis Charlie«. Der mangelnde Schutz von Jüdinnen und Juden ist auch ein mangelhafter Schutz der liberalen, demokratischen Gesellschaft.

Wie bereits erwähnt, muss ein Wort in der Reihe der Schlagworte des Titels dieses Beitrags ergänzt werden, das Wort »Verunsicherung« – die Verunsicherung bezüglich einer jüdischen Zukunft in Deutschland. Denn so drastisch stellt es sich derzeit dar: Vor zwei Jahren konnten wir aus einer großen Fülle möglicher Autorinnen und Autoren schöpfen, als wir an unserem Band »Weil ich hier leben will ...« gearbeitet haben; heute würde es schwierig, so viele dazu zu bewegen, einen Beitrag zu schreiben, der das Bleiben in Deutschland als Willen und Wunsch unterstreicht.

Diese Verunsicherung ist in allen jüdischen Gemeinden in Deutschland spürbar. Dabei ist die Diskrepanz zwischen den

Wahrnehmungen der jüdischen Community und denjenigen der Mehrheitsgesellschaft offenkundig. Der Anschlag in Halle etwa war für Politik und Polizei überraschend, schockierend und kaum vorstellbar. Für jüdische Gemeinden war er all das nicht, gibt es doch genau wegen dieser Gefährdung jüdischen Lebens seit jeher Sicherheitsschleusen, Wachpersonal und Polizeischutz. Diese Umstände sind Alltag im Leben jüdischer Menschen. Zugleich werden in sozialen Netzwerken und anderswo genau diese Sicherheitsvorkehrungen von Nicht-Juden infrage gestellt und kritisiert. Sei es ein Innenminister, der die polizeilichen Stunden des Objektschutzes in Beziehung zum Personalmangel setzt, oder Bürger*innen, die eine Abschottung der jüdischen Gemeinden kritisieren und für übertrieben halten.

Der Anschlag in Halle erschwert das Sprechen über Vertrauen. Jüdisches Leben ist in erster Linie darauf angewiesen, dass Juden und Jüdinnen darauf vertrauen, sicher sichtbar jüdisch leben zu können. Wenn jüdische Menschen dieses Vertrauen verlieren, entsteht eine Situation, die jüdische Erziehung, jüdische Religion und Kultur erschwert, teils verunmöglicht.

Dass Anschläge wie in Halle oder Hamburg geschehen können, war für die jüdische Community vorstellbar und nicht überraschend. Und doch trifft es die jüdische Gemeinschaft in Deutschland hart. Die zunehmende Gewalt und die zögerlichen politischen und zivilgesellschaftlichen Reaktionen bestärken die Misstrauischen und schwächen die Zuversichtlichen. Spätestens bei der Gründung einer Familie, der Übernahme von Verantwortung in einer Gemeinde oder anderen jüdischen Institutionen geht es nicht mehr um ein individuelles Vertrauen in den Staat und die Gesellschaft. Ab diesem Moment bedarf es einer ständigen Risikoabwägung: Sollen meine Gemeindemitglieder vor der Synagoge die Kippa absetzen? Reicht das Sicherheitskonzept meiner Veranstaltung aus? Wie kann ich als Arbeitgeber*in die Sicherheit meiner jüdischen Angestellten gewährleisten? In welche Region Deutschlands kann die jüdische Jugendgruppe reisen? Braucht der neue jüdische Kindergarten Panzerglas?

Der deutsche Staat und seine Politiker*innen begrüßen jüdisches Leben in Deutschland. Zuweilen wird jüdisches Leben gar als »Geschenk« bezeichnet. Zugleich ist der Staat nicht in der Lage, dieses jüdische Leben ausreichend zu schützen. Aber jüdisches Leben kann trotz des Sicherheitsbedarfs nicht nur hinter hohen Mauern gelebt werden. Die Antwort auf Gewalt gegen Jüdinnen und Juden nur mit erhöhtem Schutz zu formulieren, ist keine Antwort und stärkt auch das Vertrauen in den deutschen Staat nicht.

Ein Jahr nach den Anschlägen in Halle sprachen zwei Stipendiat*innen des Ernst Ludwig Ehrlich Studienwerks für den Podcast *Machloket und Mischpoke* miteinander. Beide waren in der Synagoge in Halle gewesen, beide waren Ziele des antisemitischen Terrors. Und beide ziehen ganz andere Schlüsse aus ihrer Erfahrung. Während Anastassia Pletoukhina sagt, sie sehe vor allem wegen der Stärke der jüdischen Zivilgesellschaft für sich und ihre Familie weiterhin Zukunft in Deutschland, betont Christina Feist, dass Deutschland für sie als Lebensmittelpunkt nicht mehr infrage komme (Pletoukhina/Feist 2020, 4. Oktober: Machloket & Mischpoke. Folge 12. www.buzzsprout.com). In einem weiteren Interview bringt Christina Feist es auf einen Satz, der uns alle zur Tat auffordern muss: »Ich habe Angst. Ich kann nicht in Deutschland leben« (Feist 2020, 2. September: www.evangelisch.de). Was hier zum Ausdruck kommt, ist nichts weniger als zerstörtes Vertrauen.

Vertrauen wird oftmals mit Glauben gleichgesetzt. Dem Glauben an den einen Gott. Für das Judentum steht der Glaube nicht im Vordergrund, sondern das Gesetz. Und mit dem Gesetz die Wörter, das Wort und seine Auslegung. »Sollte der Richter der ganzen Erde nicht Recht üben?«, fragt Abraham in seinen Streitgesprächen mit Gott. Er fragt nach. Abraham vertraut nicht einfach, er hinterfragt. Auch in der Gottesbeziehung ist Vertrauen etwas, das erworben werden muss. Und das muss erst recht für Deutschland und seine staatlichen Organe gelten. Die politischen Reden und Worte der Repräsentant*innen Deutschlands müssen auf ihre

Taten hin abgeklopft werden. Die Erkenntnisse der letzten Monate über rechte Umtriebe in den Sicherheitsbehörden sind dabei ein erneutes Signal, dass es eines entschiedenen Handelns bedarf, um das Vertrauen von Jüdinnen und Juden zu erwerben. Das menschliche Miteinander, ist »schlechterdings nicht möglich«, schreibt Hannah Arendt, »ohne ein schwer zu fassendes, aber grundsätzliches Vertrauen in das Menschliche aller Menschen« (Arendt 1964, S. 31). Dieses *grundsätzliche* Vertrauen gibt es für Juden und Jüdinnen in Deutschland derzeit nicht. Und ob es gelingen kann, zerstörtes Vertrauen wie das von Christina Feist wiederherzustellen, das scheint aktuell schwer zu glauben – trotz allen Gestaltungswillens.

Im Jahr 2021 nach der hiesigen Zeitrechnung werden in Deutschland 1700 Jahre jüdisches Leben nördlich der Alpen gefeiert – ein Jubiläum, welches daran erinnert, dass das Judentum unverbrüchlicher Teil der deutschen Kultur ist. Deutschland ist ohne Judentum nicht denkbar.

Weil wir hier aber leben wollen, werden wir nicht weichen. Rabbi Nachman drückte es wie folgt aus: »Die ganze Welt ist eine schmale Brücke und es kommt darauf an, dass wir uns nicht fürchten.« Wir sehen unsere Verantwortung nicht nur in der Arbeit an innerjüdischen Angelegenheiten. In der biblischen Zeit war es die Aufgabe der Propheten, gesamtgesellschaftliche Missstände anzuprangern und sichtbar zu machen. Diese Aufgabe stellt sich auch dem heutigen Judentum in Deutschland. Daher kann der Kampf gegen Antisemitismus nur gelingen, wenn wir uns auch den anderen Menschenfeindlichkeiten entgegenstellen.

Jüdische Erfahrungen und Perspektiven veranschaulichen nicht nur eine Diskrepanz in der Wahrnehmung und Beurteilung von Antisemitismus als gesamtgesellschaftliches Problem. Sie weisen auch nicht nur darauf hin, dass offizielle Statistiken nur einen Teil der Realität abbilden und der Unbill des Alltags, des jüdischen Alltags, größtenteils unsichtbar bleibt. Die jüdischen Erfahrungen und das Sprechen darüber können helfen, auch die Situation anderer marginalisierter Gruppen besser zu verstehen und Vertrauen aufzubauen.

Wenn es nun darum geht, Vertrauen zu schaffen, so muss die erste Devise sein, Worten Taten folgen zu lassen: Die gesamte Gesellschaft muss sich entschieden *für* eine offene und plurale Gesellschaft engagieren und *gegen* Antisemitismus. Der Wille zur Gestaltung einer gemeinsamen Gesellschaft kann als Ausdruck von Verbundenheit betrachtet werden. Um Vertrauen zu schaffen, müssen die Räume für ein lebendiges Judentum gestärkt werden, über notwendige Verbesserungen der Sicherheit hinweg. Die Stärkung ist aber nur das eine: Es müssen auch weitere Räume geöffnet werden, in denen Jüdinnen und Juden unsere Gesellschaft tatsächlich gestalten *können*. Zur Schaffung dieser Räume kommt es auf die Unterstützung jeder und jedes Einzelnen an. Mit dieser Unterstützung kann ein*e jede*r Teil der Vertrauensbildung werden.

Anmerkung

1 Aufgrund fehlender Sozialversicherungsabkommen mit Russland und den meisten anderen Nachfolgestaaten der Sowjetunion werden Beitragszeiten bzw. Rentenansprüche vor der Auswanderung nach Deutschland nicht anerkannt. Die zurückgelegten rentenrechtlichen Zeiten werden für Spätaussiedlerinnen und Spätaussiedler bei der Rentenberechnung in Deutschland zwar berücksichtigt, nicht aber für jüdische Zuwanderer und Zuwanderinnen.

Literatur

Arendt, H. (1964): Was bleibt? Es ist die Muttersprache. In: G. Gaus (Hg.): Zur Person. Porträts in Frage und Antwort. Band I. Feder, München, S. 13–32.
Czollek, M. (2018): Keine Juden mehr für Deutsche? In: W. Homolka, J. Fegert, J. Frank (Hg.): »Weil ich hier leben will...«. Jüdische Stimmen zur Zukunft Deutschlands und Europas. Herder, Freiburg im Breisgau u. a., S. 84–99.
Küpper, B. / Zick, A. (2020): Antisemitische Einstellungen in Deutschland. In: Zentralrat der Juden in Deutschland (Hg.): »Du Jude«. Antisemitismus-Studien und ihre pädagogischen Konsequenzen. Hentrich & Hentrich, Leipzig, S. 113–133.
Mitchnik, I. (2020): Zwischen Berghain und Club Odessa – Aktuelle Generati-

onsfragen einer Gemeinschaft. In: W. Homolka, J. Fegert, J. Frank (Hg.): »Weil ich hier leben will …«. Jüdische Stimmen zur Zukunft Deutschlands und Europas. Herder, Freiburg im Breisgau u. a., S. 170–181.

Osadtschy, O. (2018): Wie ich in einen Bus stieg und Jüdin wurde. In: W. Homolka, J. Fegert, J. Frank (Hg.): »Weil ich hier leben will …«. Jüdische Stimmen zur Zukunft Deutschlands und Europas. Herder, Freiburg im Breisgau u. a., S. 42–63.

Steinke, R. (2020): Terror gegen Juden. Wie antisemitische Gewalt erstarkt und der Staat versagt. Eine Anklage. Berlin Verlag, Berlin.

Vehrkamp, R. / Merkel, W. (2020): Populismusbarometer 2020. Populistische Einstellungen bei Wählern und Nichtwählern in Deutschland 2020. Bertelsmann Stiftung, Gütersloh.

Wissmann, Y. (2018): Jecke sein oder nicht? In: W. Homolka, J. Fegert, J. Frank (Hg.): »Weil ich hier leben will …«. Jüdische Stimmen zu Zukunft Deutschlands und Europas. Herder, Freiburg im Breisgau u. a., S. 100–109.

Onlinequellen

Dashefsky, A. / Sheskin, I. M. (Hg): American Jewish Year Book 2019. The Annual Record of the North American Jewish Communities Since 1899. Springer International Publishing, Cham 2020.

Emcke, C. (2020, 21. Oktober): Ich bin auch müde. https://www.sueddeutsche. de/kultur/igor-levit-carolin-emcke-1.5087289 [Zugriff: 1.6.2021].

Feist, C. (2020, 2. September): Zeuginnen im Halle-Prozess kritisieren Verhalten der Polizei. https://www.evangelisch.de/inhalte/174409/02–09–2020/ zeuginnen-im-halle-prozess-kritisieren-verhalten-der-polizei [Zugriff: 1.6.2021].

Maurò, H. (2020, 16. Oktober): Igor Levit ist müde. https://www.sueddeutsche. de/kultur/igor-levit-daniil-trifonov-1.5071896 [Zugriff: 1.6.2021].

Pletoukhina, A. / Feist, C. (2020, 4. Oktober): Machloket & Mischpoke. Folge 12: Anastassia Pletoukhina und Christina Feist im Gespräch mit Jo Frank. (buzzsprout.com). https://www.buzzsprout.com/937726/5732020-machloket-mischpoke-folge-12-anastassia-pletoukhina-und-christina-feist-im-gesprach-mit-jo-frank [Zugriff: 1.6.2021].

Seehofer, H. (2020, 27. Mai): BMI-Pressekonferenz. https://www.bmi.bund.de/ SharedDocs/kurzmeldungen/DE/2020/05/vorstellung-pks-pmk-2019.html [Zugriff: 1.6.2021].

Steinke, R. (2020, 24. September): Machloket & Mischpoke. Folge 11: Autor Ronen Steinke im Gespräch mit Jo Frank (buzzsprout.com). https://www. buzzsprout.com/937726/5582437-machloket-und-mischpoke-episode-11-autor-ronen-steinke-im-gesprach-mit-jo-frank [Zugriff: 1.6.2021].

ELISABETH KAUDER

Vertrauen – Geschenk lebendiger Beziehung

Sobald ein neues Kind
Die erste Luft empfind't
So hebt es an zu weinen.
Die Sonne muss ihm scheinen
Den viermal zehnten Tag,
Eh als es lachen mag.
Oh Welt, bei deinen Sachen
Ist Weinen mehr als Lachen.

FRIEDRICH VON LOGAU, 1605–1655

Dieses Gedicht des deutschen Barockdichters Friedrich von Logau ist für den Philosophen Hans-Georg Gadamer plastischer Ausdruck für die Grundbefindlichkeit des Menschen der Welt, dem Leben gegenüber. Zu diesem, seinem ersten Laut, wenn er in die ihm fremde Welt geworfen wird, dem Geburtsschrei, schreibt er: »Es ist sicher ein eigentümliches, sozusagen nicht ohne Energie geleistetes Reagieren auf diese unglaubliche, unvorstellbare Veränderung der Welt, die den ersten Geburtsschrei provoziert; ein Hinweis darauf, dass das Leben damit beginnt, mit diesem Schrei, mit dieser Energieexplosion, in der gerade auch Befremdungen wie Schmerzen eine Rolle spielen. Schon hier empfinde ich, wie im Geburtsschrei ein erster Hinweis auf das Gespräch ist, mit diesem anderen, den man noch nie gesehen hat, der eigenen Mutter [...]« (Gadamer 2003, S. 22).

Wie reagiert dieser andere, die eigene Mutter? Kann sie eine Antwort geben auf diese existenzielle Anfrage, dieses Gesprächsangebot? Der Widerhall, den dieser drangvolle Ruf erzeugt, ist prägend für das weitere Welterleben des Kindes. Die Mutter repräsentiert für das Kind die ganze Welt. Ist diese Welt kalt, bleibt sie fremd, abweisend, leer? Wenn ja, dann wird diese frühe Erfahrung auch auf die weite Welt übertragen und auch auf die Menschen, die sie bewohnen, sie prägt die mitmenschlichen Beziehungen.

Ein beredtes Beispiel findet sich im Leben des weltbekannten Autors Georges Simenon. 75 Kriminalromane mit dem berühmten Kommissar Maigret als Protagonisten und 117 Romane durchwirkt von Düsternis, Härte, Schmerz und Schuld sowie 150 Erzählungen hat er geschrieben. Sein Leben war geprägt von Unstetigkeit, vielen Ortswechseln und zahllosen Frauen. 71-jährig schreibt er an seine verstorbene Mutter einen Brief. Nach vielen Jahren ohne Begegnung saß er an ihrem Sterbebett und reflektierte sein Leben mit ihr. Als ein »Nervenbündel« beschreibt er sie, als eine Frau, die Angst hatte, »eine Angst, die Dich fast schon seit Deiner Geburt begleitet« (Simenon 2018, S. 54).

»Wir haben uns zu Deinen Lebzeiten nie gemocht, das weißt Du. Wir beide haben nur so getan als ob.« Und dann: »Dieses fast unwillkürliche Misstrauen, das Du mir entgegengebracht hast, seit ich mich erinnern kann, seit meiner frühesten Kindheit, habe ich nie verstehen können […]« (Simenon 2018, S. 39).

»Hier in Deinem Krankenzimmer sind wir wie zwei Fremde, die nicht dieselbe Sprache sprechen – wir sprechen ohnehin wenig – und einander mit Misstrauen begegnen« (Simenon 2018, S. 64).

Können wir nicht das unstete Leben des Autors als Flucht vor der Kälte dieses Misstrauens und auch als rastlose Suche nach Antwort, nach Verstehen, nach Liebe auffassen? Hat ihm sein dichterisches Genie geholfen, dem Misstrauen, das die Mutter schon so früh in sein Leben brachte, und dem Zweifel eine kreative Form zu geben? Nur – es gelang ihm auch schreibend nicht, die frühe, schmerzende Wunde, die der Brief deutlich macht, zu heilen und damit selbst heil, d. h. »ganz« zu werden. Sein Brief an die tote Mutter kann gelesen werden als eine Suche nicht nur nach der Mutter. Indem er sie zu verstehen sucht, ist er auf der Suche nach sich selbst. Wenn es gelingt, sie zu verstehen, kann er auch sich selbst verstehen, in seinem Leben Sinn finden. Er bleibt sein Leben lang auf der Suche.

Und weil die Dichter einen besonders innigen Zugang zum Seelenleben des Menschen, zur Seele überhaupt haben, lasse ich Olga Tokarczuk, die Literaturnobelpreisträgerin des Jahres 2018 zu Wort kommen. In ihrer Vorlesung zur Verleihung des Nobelpreises mit dem Titel: »Der liebevolle Erzähler« sagt sie:

Das erste Foto, das ich bewusst wahrgenommen habe, ist ein Foto meiner Mutter noch aus der Zeit vor meiner Geburt. [...] Meine Mutter sitzt bei dem alten Radio. [...] Dieses Radio wurde später zum Gefährten meiner Kindheit, aus ihm erfuhr ich von der Existenz des Kosmos. Wenn ich dieses Foto als kleines Mädchen betrachtete, war ich mir ganz sicher: Mama drehte an den Knöpfen des Radios, weil sie nach mir suchte. Wie ein feiner Radar tastete sie sich durch die Weiten des Kosmos, um herauszufinden, wann ich zu ihr kommen würde und von wo. [...] Die Frau (auf dem Foto) wirkt traurig, in Gedanken versunken, abwesend. Als ich sie später nach dieser Traurigkeit fragte – viele Male fragte ich sie und bekam immer die gleiche Antwort –, sagte meine Mutter, sie sei traurig gewesen, weil ich noch nicht geboren war und sie mich schon vermisste.
›Wie konntest Du mich vermissen, wenn ich noch gar nicht da war?‹, fragte ich dann.
Ich wusste bereits, dass man jemanden vermissen konnte, den man verloren hat, dass Sehnsucht also mit Verlust zusammenhängt.
›Es kann auch umgekehrt sein‹, entgegnete sie mir. ›Wenn man jemanden vermisst, bedeutet das, dieser Jemand ist schon da.‹
Diese wenigen Sätze, dieses kurze Gespräch zwischen meiner Mutter und mir, ihrer kleinen Tochter, Ende der sechziger Jahre in der westpolnischen Provinz, ist mir im Gedächtnis geblieben und hat mir Kraft für mein ganzes Leben geschenkt. [...] Ich begriff mit meinem kindlichen Verstand, dass ›Ich‹ mehr war, als ich es mir bis dahin hatte vorstellen können.
Und so gab mir diese junge Frau, die nie religiös war – meine Mutter –, etwas, das man früher ›Seele‹ nannte – und stellte mir

damit den liebevollsten Erzähler der Welt zur Seite (Tokarczuk 2020, S. 11–14).

Das Wesen von Vertrauen, die Quelle von Vertrauen scheint in diesen Zeilen der Dichterin auf, als ein Geschenk seelischer Verbundenheit, Quelle schöpferischer Kraft, Mut zum Leben. Sie dankt all dies ihrer Mutter, die sich mit ihr verbunden fühlte, schon vor ihrer Geburt und sie liebevoll erwartete. Und so erschließt sich auch, wie Olga Tokarczuk zu der Erzählerin werden konnte, die sie ist, zu einer Erzählerin mit einem liebevollen Blick auf die Welt, auf die Menschen, denen sie in ihren Erzählungen Gestalt verleiht: »Wenn ich schreibe, muss ich alles in mir fühlen. […] Jedes Ding und jede Person betrachte ich lange und aufmerksam, um sie zu verkörpern, zu personifizieren. Dazu dient mir mein liebevoller Blick – denn liebevoll zu sein ist die Kunst der Verkörperung, der Einfühlung, der fortwährenden Suche nach Gemeinsamkeiten. Eine liebevolle, zugeneigte Betrachtung personifiziert alles, auf das sie sich bezieht« (Tokarczuk 2020, S. 58–59). Als Dichterin umschreibt sie in poetischer Sprache, was Vertrauen wirklich meint und aus welchen Quellen sich Vertrauen speist: Vertrauen ist ein Geschenk geglückter Beziehung. Im Umkreis menschlicher Begegnung ist es ein gegenseitiges Geschenk der sich mit Interesse, mit Anerkennung und Zuneigung Begegnenden.

Die etymologische Wurzel von Vertrauen reicht ins 9. Jahrhundert zurück. Das altdeutsche »truwen«, also »trauen«, meint »fest sein«, »sicher sein«, auch »hoffen« und »wagen«. Wie im Lateinischen die Silbe »con« bei »(con)fidere« verstärkt im Deutschen das Präfix »ver« das »trauen«. Das Fest- und Sichersein ist Basis, Fundierung, die es ermöglicht, hoffend in die Zukunft zu blicken, sich etwas zu trauen, sich etwas zuzutrauen. Wer sich von Vertrauen getragen fühlt, kann sich entfalten, sich etwas trauen, sich etwas zutrauen, etwas wagen. Und wenn das Wagnis gelingt, zeugt es Vertrauen, immer wieder aufs Neue.

Dieser doppelte Aspekt des Vertrauens kommt auch in der Sprache zum Ausdruck: zum einen im Sinne von Getragensein, Gehaltensein im Raum der Sprache als Muttersprache und zum anderen in dem Streben und dem Wunsch, ein Selbst zu sein, das sich sprachlich eine Form gibt, sich formuliert und ausdrückt, das Eigensein, Eigensinn wagt und in Sprache die Welt erobert, indem es alles, was ihm begegnet, benennt, ihm einen Namen gibt, wie Hans-Georg Gadamer deutlich macht: »Was Sprechenlernen bedeutet, ist uns erst aufgegeben; ein Übergang vom Spiel zum Triumph, eine Besitznahme von dem, was einem gehört oder an das man erste Ansprüche stellt« (Gadamer 2003, S. 24). In einer Annäherung an dieses Mysterium formuliert er weiter: »Sprechen lernen heißt [...], die Vertrautheit und Erkenntnis der Welt selbst, und wie sie uns begegnet, erwerben« (ebd., S. 149).

Die Sprache ebnet den Weg, um in ein Gespräch zu kommen, sich einem Mitmenschen zuzuwenden. Sprache wird zum Gespräch, wenn das Sichausdrücken verbunden ist mit der Bereitschaft und Fähigkeit, zu hören und zu antworten, zu geben und zu empfangen. Im Gespräch begegnen wir uns in der ganzen Fülle unseres Daseins, mit Körper, Geist und Seele. Im gelingenden Fall ist die Haltung des ganzen Körpers auf den Gesprächspartner ausgerichtet und bringt Offenheit und Zugewandtheit zum Ausdruck. Die Sinne sind wach, auf das Gegenüber ausgerichtet. Ein zugeneigter Blick ermöglicht das Erleben, gesehen, erkannt und anerkannt zu werden. Beide Partner sind »ganz Ohr«, und in der Melodie, im Klangraum des Sprechens entstehen Resonanz, Zusammenklang, Vertrauen.

Die Bedeutung des Gesprächs habe ich in der Begegnung mit meinem syrischen Patensohn, so nenne ich Karam, auf tief berührende Weise erfahren dürfen. Karam war mit 12 Jahren aus seiner Heimat Idlib geflüchtet. Zu Fuß hatte er sich bis nach Istanbul durchgekämpft. Dort hatte er sich durch Arbeit in einer Fabrik die finanziellen Mittel erarbeitet, um mithilfe von Schleusern die Bootsfahrt übers Meer, nach Griechenland, bezahlen zu können. Im berüchtigten Lager Idomeni war er dann von der griechischen NGO *ARSIS* geborgen und in eine Unterkunft für unbegleitete Minderjährige in Thessaloniki gebracht worden. Hier habe ich ihn

2016 getroffen. Er hat an dem Projekt »Sandspiel in der Gruppe« teilgenommen, das eine Freundin und ich unter dem Dach der NGO *German-Doctors* zur psychologischen Betreuung traumatisierter unbegleiteter Minderjähriger aufgebaut haben.

Karam fiel mir durch seine besonders ausgeprägte Scheu auf, jeden körperlichen Kontakt ängstlich meidend, mit unruhig umherschweifendem Blick seine Umgebung ruhelos kontrollierend und tieftraurig. Im Sandspiel konnte er sich dann vorsichtig auf eine Begegnung einlassen, und als er 2018 nach Deutschland kommen sollte, bat er seine griechische Betreuerin, zu mir Kontakt aufzunehmen. Ich habe ihn auch sofort angerufen. Er war in einem Heim für minderjährige Flüchtlinge in einer hessischen Stadt untergebracht worden. Zum wiederholten Mal einer komplett fremden Umgebung ausgesetzt, war er froh, mit mir an eine geglückte Begegnung anknüpfen zu können. Wir sprachen Englisch miteinander. Er hatte das Glück, dass ihm seine griechische Betreuerin gute Kenntnisse der englischen Sprache vermittelt hatte, im Englischen fühlte er sich recht sicher. In seiner neuen Unterkunft war er jedoch gezwungen, Deutsch zu sprechen, und auch in der Schule war das so, in der besten Absicht, ihm zu ermöglichen, sich rasch selbstständig verständigen zu können. Tapfer versuchte er das auch mit mir, aber ich spürte, dass er sich in der neuen Sprache nicht wohlfühlte. Etwas wehrte sich in ihm gegen die Zumutung, aus der mühsam erworbenen neuen Sprachheimat erneut vertrieben zu werden. So schlug ich ihm vor, dass er mit mir weiterhin Englisch sprechen könne, was er dankbar annahm. Im Sprechen teilten wir die Unsicherheit und Fremdheit der Sprache und gleichzeitig das Bemühen, uns einander verständlich zu machen. Jeden Abend sprachen wir telefonisch miteinander, monatelang. Er erzählte mir, was er den Tag über erlebt hatte, von seinem Leben in der neuen Umgebung, der Schule und seinen Sorgen um seine Eltern und Brüder, die inzwischen auch aus Syrien in die Türkei geflüchtet waren, und von seinem Schmerz, dass er seine Mutter schon seit vier Jahren nicht mehr gesehen hatte. Und immer wollte er wissen, wie es mir geht, was ich den Tag über gemacht hatte, und ich erzählte es ihm. Er wurde ruhiger in unseren Gesprächen, manchmal konnten wir auch gemeinsam lachen. Am Ende jedes unserer Gespräche versicherte er sich: »Elisa, we speak«, was ich ihm immer aufs Neue versprach.

Wenn sich Menschen miteinander aussprechen, begegnen sich verschiedene Welten, verschiedene Blicke auf die Welt. Als »Wunder der Sprache« bezeichnet Gadamer, wenn es gelingt, »das rechte Wort zu finden oder vom anderen das gute Wort aufzunehmen« (Gadamer 1993a, S. 173). So wird das Gespräch zur Begegnung, die Distanz vermindert, Gemeinsamkeit schafft und Vertrauen zeugt.

Im Sommer verbrachte Karam die Ferien bei mir. Jeden Abend kochten wir zusammen, oder besser: Karam kochte, ich spülte ab. Natürlich standen nur arabische Gerichte auf unserem Speiseplan, und wenn wir nicht weiterwussten, wurde seine Mutter per WhatsApp zugeschaltet. Die Krönung des Abends bestand jedoch darin, dass wir gemeinsam Shisha rauchten. Eingehüllt in den Duft des Tabaks und das glucksende Singen des Wassers der Pfeife, setzten wir unsere Gespräche fort. Karam erzählte mir von seiner Heimat. In einer Großfamilie war er herangewachsen. Das Leben war geordnet durch viele Alltagsriten und die Feste des Islam. Mit großer Innigkeit berichtete er von seiner Großmutter väterlicherseits, ihrer Zärtlichkeit den Enkeln gegenüber, und dass sie fast den ganzen Tag gebetet und im Koran gelesen habe. Und seine Freude war groß, als er bemerkte, dass ich über den Islam Bescheid wusste und auch im Koran gelesen hatte.

In unserem Erzählen wurde seine Heimat lebendig, spürbar. Stolz war er auf seine Kultur, als ich ihm erklärte, wie die großen Kalligrafen das Bilderverbot des Islam mit ihren wunderbaren Sprachbildern überwanden und damit allen Menschen ein bleibendes Geschenk machten. Mit wachsender Begeisterung haben wir gemeinsam wundervolle Kalligrafien im Internet betrachtet. Viele Fragen hatte Karam zum Leben in Deutschland, das so anders war als in seiner Heimat Syrien. Ich spürte seine Verwirrung, und gleichzeitig seinen Wunsch zu verstehen. In unseren Gesprächen versuchten wir, unsere unterschiedlichen Erlebniswelten einander anzunähern. Allmählich konnte er mir auch von den Schrecken seiner Flucht berichten, von seiner Angst, als ihn ein Bombeneinschlag nachts aus dem Schlaf gerissen und das Elternhaus zerstört hatte. Von seiner Verlassenheit und Verzweiflung, nachts auf den Straßen in Istanbul, seinem Hunger, vom Grauen bei der Fahrt übers Meer nach Griechenland, seiner Todesangst. Dass er all das in Sprache bringen konnte und dass er in mir eine verständnisvolle, einfühlsame Zuhörerin fand, mit der er seinen Schrecken teilen konnte, nahm ihm etwas von der Last ab. »Elisa, ich kann plötzlich besser schlafen«, berichtete er mir eines Morgens erleichtert.

Viele Hürden mussten überwunden werden, damit seine Eltern schließlich nach Deutschland übersiedeln konnten. Karam war überglücklich. Kurz darauf sagte er mir dann am Telefon, ich begann wie gewohnt auf Englisch: »Elisa, jetzt nur noch Deutsch.« Getragen durch seine Familie konnte er sich auch sprachlich in die neue Welt wagen, sie sich Schritt für Schritt zu eigen machen.

»Die Sprache ist das Haus des Seins. In ihrer Behausung wohnt der Mensch« (Heidegger 2013, S. 333). So beschreibt Martin Heidegger die existenzielle Bedeutung der Sprache für den Menschen. Die »Behausung« ist in ihrer symbolischen Bedeutung zu verstehen, als Raum, der Wohnung ist und sich gleichzeitig ins Freie öffnet. Als Sprachraum ermöglicht er Vertrauen im Sinne von Sicherheit und Vertrauen als »trauen«, als »sich trauen«. Was es bedeutet, gewaltsam aus dieser Behausung der Sprache vertrieben worden zu sein, ist nicht hoch genug einzuschätzen. In der Sprache sind das Wesen, die Werte der Kultur aufgehoben und tradiert. Sie ist identitätsstiftend. So wirkt sich ein Verlust der eigenen Sprache aus wie ein Raub der Identität, im individuellen und im kulturellen Sinne.

Wie kann aber der großen Zahl geflüchteter Menschen begegnet, wie können sie unterstützt werden, eine Sprache wiederzufinden? In unserer Arbeit mit den traumatisierten unbegleiteten Minderjährigen in Griechenland – sie stammten aus Syrien,

Afghanistan, dem Irak – nahmen wir Zuflucht zur Bildersprache. Bei Goethe lesen wir: »Wort und Bild sind Korrelate, die sich immerfort suchen« (Goethe 1972, Nr. 188). In der Analytischen Psychologie Carl Gustav Jungs kommt dem Bild als unmittelbarem Ausdruck der Seele entscheidende Bedeutung zu: »Das Bild ist ein konzentrierter *Ausdruck der psychischen Gesamtsituation*, nicht etwa bloß oder vorwiegend der unbewußten Inhalte schlechthin« (Jung, GW 6, § 690). Und in »Mysterium Conjunctionis«, Band 2, weist Jung auf die Zeugungskraft des Bildes hin, auf die Herausforderung an dessen Schöpfer und Betrachter, Antwort zu geben auf das, was ihm im Bild begegnet und sich ihm im Bild zeigt (Jung, GW 14/II, § 407). So kann das Bild die Selbstheilungskraft der Seele beleben. Jung erkannte, dass die Menschen über die Kulturen hinweg seelisch miteinander verwandt sind. Einen Anhalt dafür sah er u. a. in den Märchen der Völker: Zentrale Figuren wie König, Vater, Mutter, Hexe usw. gibt es in allen Volksmärchen. Sie tragen verschiedene Namen, bedeuten jedoch im Kontext der Erzählung immer das Gleiche. Es gibt also eine tiefe seelische Schicht, die den Menschen gemeinsam ist und die es erst ermöglicht, dass wir uns über alle kulturellen Verschiedenheiten hinweg verstehen.

Im Sandspiel nutzen wir die Bildsprache in ihrer Fähigkeit, einen eigenen individuellen Ausdruck zu finden und sich gleichzeitig über die bildhafte Darstellung mit dem Gegenüber zu verbinden. Margaret Lowenfeld, die englische Kinderärztin, war die Erste, die den therapeutischen Wert von Sandspiel erkannte und einsetzte. Aus eigenen Erfahrungen im Ersten Weltkrieg – sie betreute als Ärztin Flüchtlinge, besonders Kinder – hatte sie tiefgreifende Erfahrungen gewonnen.

Lowenfeld arbeitete ab 1921 als Kinderärztin in London vor allem mit psychisch leidenden Kindern. Dort entstand die »World Technique«, die nach ihrer Meinung die Kinder selbst erfunden haben. Die Kinder bauten in Sandkästen mit Miniaturfiguren ihre Welt auf. Lowenfeld erkannte, dass in diesen Miniaturwelten die seelische und reale Welt der Kinder im Bild zum Ausdruck kam, die sie selbst nicht in Worte fassen konnten. Auch die Sehnsüchte,

Hoffnungen, Ängste fanden Ausdruck im Sandbild. Den wesentlichen, heilenden Effekt sah sie in der bildhaften Darstellung und in der spielerisch-kreativen Gestaltung an sich, ohne erklärendes Gespräch oder Deutung. Sie erkannte bereits, dass ihre Technik auch mit Erwachsenen durchgeführt werden kann.

Dora Kalff, eine Kindertherapeutin Jung'scher Prägung, baute nach einjähriger Hospitation bei Margaret Lowenfeld die »World Technique« zu einer Jung'schen Kindertherapiemethode aus. Sie beobachtete, dass die Patientinnen und Patienten über das Sandbild eine Möglichkeit fanden, Körperempfindungen und Gefühle im Sand ins Bild zu bringen, für die sie keine Worte fanden.

Die italienische Kindertherapeutin Eva Pattis Zoja entwickelte die Sandspieltherapie weiter zur »Expressiven Sandarbeit«. In Katastrophen- und Armutsgebieten verschiedener Länder setzte sie das Sandspiel in Gruppen ein; eine Einzelpsychotherapie war unter den jeweiligen Bedingungen nicht zu realisieren. Ihr Ziel war es, einen Weg zu finden, auf dem es den Betroffenen möglich werden sollte, Zugang zu den Selbstheilungskräften der Seele zu finden. Das Besondere der »Expressiven Sandarbeit« ist, dass sie in Gruppen mit bis zu zwölf Kindern/Jugendlichen durchgeführt werden kann und dass die Betreuung des spielenden Kindes/Jugendlichen von einer stabilen Bezugsperson übernommen wird, die nicht ausgebildete Therapeutin sein muss. Sie begleitet den Jugendlichen bei seiner Arbeit im Sandkasten durch ihre Aufmerksamkeit, ihre emotionale Anteilnahme, ihren verständnisvollen Blick. Gesprochen wird nicht. Jeder Jugendliche gestaltet aus vielfältigen Figuren im Sand ein Bild und gibt damit seiner inneren und äußeren Welt eine Form, einen Ausdruck.

Das Sandspiel in der Gruppe haben meine Kollegin und ich auch bei den traumatisierten Minderjährigen in Griechenland angewandt. Zunächst machten wir die Mitarbeiterinnen und Mitarbeiter unseres griechischen Partners mit der Methode vertraut: Alle haben das Sandspielen sowohl als Spielende als auch als Begleitende selbst erlebt. Die jugendlichen Geflüchteten litten fast alle an den Verletzungen, die ihnen Vertreibung und Flucht zugefügt hatten. Schlaflosigkeit, Albträume, selbstverletzendes Verhalten, tiefe Traurigkeit und Einsamkeit sind nur einige der zentralen Wunden, die sie quälten. Die Teilnahme am Sandspiel war freiwillig. Viele wollten gerne mitmachen. Mit großer Ernsthaftigkeit widmeten sie sich dem Sand, der Gestaltung ihres eigenen Bildes. An wenigen Beispielen möchte ich deutlich machen, was dabei geschah (die Namen der Spielenden habe ich verändert; die beim Vortrag gezeigten Bilder können in diesem Band leider nicht abgedruckt werden):

Rashed, 17 Jahre alt, war seit mehreren Monaten im Lager Lagkadikia. Seine Eltern lebten in Syrien, er wusste nicht, wie es ihnen geht, vier Geschwister waren im Bürgerkrieg gestorben. Er hatte sich von seinen Kameraden zurückgezogen, sprach wenig, besonders nicht über seine Sorgen und Ängste, sehr oft war er sehr traurig.

Im Sandspiel zeichnete er zunächst vorsichtig ein Herz in den Sand, das er mit einem Pfeil durchbohrte. Dazu malte er den ersten Buchstaben des Wortes »Mutter«, auf Arabisch »Umi«. Um die Zeichnung ordnete er rote Herzen an. Zum Schluss aber deckte er alles mit bunten Federn zu, die er dann noch mit Holzstäbchen beschwerte.

Auch in der bildhaften Gestaltung wollte er seine Erinnerung an die Mutter, seine Sehnsucht nach ihr, für sich behalten, sie schützen. Es folgten mehrere Sandspielsitzungen, bis er seine Betreuerin an seinen tiefen Gefühlen teilhaben lassen konnte. »I love you mother« schrieb er auf seine Weise mit bunten Dekosteinen in den Sand.

Jameel, 17 Jahre alt, stammte aus einer fast völlig zerstörten Stadt in Syrien. Drei Geschwister waren durch Bomben getötet worden, seine Eltern lebten noch in Syrien. Jameel war oft traurig, hatte Angst um seine Eltern. Dennoch sei er ein freundlicher Jugendlicher und liebe den Tanz, so erzählten uns die Betreuer. Mit großer Ernsthaftigkeit gestaltete er sein Sandbild, ganz versunken war er in den Prozess. Er konnte gar nicht genug Soldaten, Panzer und sonstiges Kriegsgerät ergattern, um damit den ganzen

Sandkasten völlig zuzustellen. Dieser Vorgang wiederholte sich mehrfach, bis er sich schrittweise vom Kriegsgeschehen distanzieren konnte und auch Tiere ins Bild brachte. Im letzten Bild hat er eine Landschaft gebildet, die von Menschen bewohnbar ist. Die Menschen entnahm er nicht der reichhaltigen Auswahl von bereitgestellten Figuren, sondern erschuf sie aus Knetmasse selbst.

Die wenigen bildhaften Beispiele sprechen aus sich und sprechen uns direkt an, berühren uns als Betrachtende, lösen Gefühle, Anteilnahme aus. Auf eine vertiefte Interpretation soll deshalb an dieser Stelle verzichtet werden. Diese Bilder sind Seelenbilder. Sie machen nicht nur sichtbar, was den Jugendlichen im realen Leben widerfahren ist, sondern zeigen auch ganz wesentlich, welchen seelischen Niederschlag diese Widerfahrnisse in der Seele gefunden haben, wie aus dem Krieg im Äußeren ein innerer Kampf geworden ist. Im Bild konnte er einen Ausdruck finden. So mancher Jugendliche war selbst überrascht, so schien es, wenn er zum Schluss sein Bild lange betrachtete. Es schien, als führte er ein wortloses Gespräch mit ihm. Ein stummes Zwiegespräch fand auch mit der anteilnehmenden Begleitperson statt – ein Gespräch, bei dem Gefühle ausgetauscht wurden. So konnte sich Verstehen auf einer tiefen Ebene entwickeln und Vertrauen entfalten. Die wenigen Beispiele zeigen auch, dass eine seelische Entwicklung stattgefunden hatte. Eine traurige Folge traumatischen Erlebens ist, dass die tiefen Wunden, der seelische Aufruhr verhindern, dass die Betroffenen bereit für neue Erfahrungen sein können. Die Bilder zeigen, wie im Sandspielprozess ein Sich-Öffnen möglich wurde: Schritte hin zu mehr innerer Freiheit, hin zu langsam wachsendem Vertrauen in sich selbst und die Mitwelt.

Bei **Khalaf** aus Syrien führte der Weg vom figürlichen Bild im Sand zum Sprachbild. Anlässlich eines meiner Aufenthalte in Griechenland feierten wir alle ein Fest. Wir haben gemeinsam gegessen und getanzt. Die Jugendlichen führten unter begeistertem Applaus Tänze aus ihren Heimatländern auf, und dann meldete sich Khalaf, er wollte ein selbst ersonnenes Gedicht vortragen, in arabischer

Sprache mit simultaner Übersetzung ins Griechische. Auf Deutsch lautet es:

Tausend Gedanken in meinem Kopf.
Ich trauere um mich selbst,
Als wäre ich betrunken und taub auf einem Fest
Ich verstehe nicht was passiert.
Meine Gedanken bringen mich in die Nähe,
Meine Gedanken tragen mich in die Ferne.
Meine Augen weinen Blut.
Ich stelle mir vor, um mich herum Wölfe.
Und ich bin allein.
Meine Wunde reifer als mein Alter.
Meine Haare sind vor ihrer Zeit grau geworden.
Ich komme nicht eine Minute zur Ruhe.
Selbst in meinen Träumen weine ich.
Was ist nur mit mir los und was ist passiert.
Mein Herz trauert um die Welt und läuft wie Lava aus.
Ich weiß nicht, was mit mir los ist und was passiert ist.

Auch **Khalaf** stammt aus Syrien und hat minderjährig den gefährlichen Weg der Flucht aus seiner Heimat in die Fremde gewagt. Seine Verzweiflung und Verletzung, seine tiefe Trauer und Orientierungslosigkeit fasst er in dieses poetische Sprachbild. Er lässt uns an seinen Gefühlen teilhaben und rührt uns alle zutiefst, viele weinen. Die Verbundenheit im Schmerz berührt auch ihn. Mithilfe eines Übersetzers unterhalte ich mich anschließend mit ihm. Er erzählt mir, dass er schon in seiner Kindheit Gedichte verfasst habe, wenn er mit den Schafen alleine auf der Weide in den Bergen gewesen sei und sich einsam und verlassen gefühlt habe. Das habe ihm schon damals sehr geholfen. Jetzt sei es ihm erstmals nach seiner Flucht wieder gelungen, ein Gedicht zu schreiben, extra für unser Fest. Ich ermuntere ihn, das auch weiterhin zu versuchen. Diese Verse dichtend ist es ihm gelungen, eine Brücke zu seinen Mitmenschen und auch zu seinem Leben in der Heimat zu bauen.

Wie recht Goethe mit seinem Satz hat, dass Wort und Bild Korrelate sind, die sich immerfort suchen, habe ich in der Gruppentherapie mit geflüchteten jungen Männern erfahren, die als unbegleitete Minderjährige nach Deutschland gekommen waren. Sie konnten alle schon recht gut Deutsch, sodass keine Übersetzung notwendig war. Das Sandspiel war wesentlicher Bestandteil des Therapieprozesses und leitete diesen zu Beginn überwiegend. Die sechs jungen Männer (auch ihre Namen sind im Folgenden verändert) hatten einen Sandkasten vor sich, und zusammen mit meinem Kollegen saßen wir im Kreis. Dass jeder seinen verlässlich eigenen Platz hat, fügte sich bereits in der zweiten Sitzung. Zu Beginn wurde am Anfang der Sitzung immer von jedem ein Sandbild gestaltet, die Bilder dann gemeinsam betrachtet. Ausgehend vom Bild kam die Gruppe miteinander ins Gespräch. Angeregt vom Bild wurden Gefühle lebendig, die in der Gruppe geteilt werden konnten, um allmählich auch einen Weg in die Sprache zu finden. Das Bedürfnis nach Versprachlichung wurde immer deutlicher.

Mohamad, er stammte aus dem Sudan, gestaltete schon in der ersten Sitzung ein Bild in den Sand, das viel Blut, kämpfende Soldaten und einen Lastwagen zeigte und in einer Ecke einen stehenden kleinen Jungen und eine liegende Frau. Mohamad erzählte uns, dass die Soldaten Rebellen seien, die seine Mutter in seiner Gegenwart erschossen hätten. Die Mutter sei dann sofort abtransportiert worden, er sei ganz alleine übrig geblieben. Nie habe er erfahren, wohin seine Mutter gebracht worden sei, auch habe er sich nicht verabschieden können. Viele Sitzungen wiederholte er immer das gleiche Bild. Trotz intensiven Bemühens der Gruppe konnte er sich nicht von diesem Schreckensbild lösen. Wir waren schon fast dabei zu verzweifeln. Irgendetwas hatten wir noch nicht verstanden. Ich fragte ihn dann, wie eine Beerdigungszeremonie in seiner Heimat ablaufe. Mohamad, gläubiger Muslim, erzählte uns mit großer Innigkeit von den Riten, deren Befolgung Voraussetzung dafür sei, dass dem Verstorbenen der Eingang ins Paradies gewährt wird. Neben dem eigentlichen Beerdigungsritus muss der

Sohn der Verstorbenen das ganze Dorf zum gemeinsamen Mahl einladen, und er muss die Schuldigkeiten der Verstorbenen begleichen. All das hatte Mohamad nicht leisten können, und so fürchtete er um das ewige Seelenheil seiner Mutter. Wir schlugen ihm und der Gruppe vor, den Ritus symbolisch im Sand zu vollziehen. Ein Jugendlicher aus Afghanistan wusste alle Gebete auswendig. So beteten wir gemeinsam und vollzogen symbolisch die rituellen Handlungen. Es ist kaum in Worte zu fassen, was sich in uns und mit uns zusammen ereignete. Das traurige Bild kam nicht mehr wieder.

Die Bedeutung des Rituals als Weg, Verbindung und Beziehung zu schaffen zu den Mitmenschen, zur Welt und darüber hinaus zu den Mächten des Schicksals, zu Gott, wird an diesem Beispiel besonders eindrucksvoll deutlich. Der Philosoph Byung-Chul Han formuliert das so: »Rituale lassen sich als symbolische Techniken der Einhausung definieren. Sie verwandeln das In-der-Welt-Sein in ein Zuhause-Sein. Sie machen aus der Welt einen verlässlichen Ort« (Han 2019, S. 10). Und weiter: »Rituale sind auch insofern eine symbolische Praxis, eine Praxis des symballein (griechisch zusammenbringen), als sie Menschen zusammenführen und ein Bündnis, eine Ganzheit, eine Gemeinschaft hervorbringen« (ebd., S. 14).

In diesem Miteinandersein entsteht Resonanz, Gleichklang, eine gemeinsame seelische Wirklichkeit, es entfaltet sich Vertrauen in die Welt und in Gott. Nach Han geht von den Ritualen: »jene symbolische Kraft aus, die das Leben auf etwas Höheres ausrichtet und dadurch Sinn und Orientierung stiftet« (ebd., S. 116).

Diese Orientierung und Sinnfindung war **Abas** aus Afghanistan geraubt worden. Gemeinsam mit seiner Familie war er vor den Taliban geflüchtet und hatte auf dem gefährlichen Weg nach Europa die ganze Familie verloren. Er wusste nicht, ob seine Eltern und Geschwister noch am Leben sind. Er sei ein gläubiger Schiit; auf dem gefahrvollen Weg von Afghanistan über den Irak und den Balkan habe er mit seinen Leidensgefährten regelmäßig gebetet. Das habe ihnen allen Kraft gegeben. Nur im Vertrauen auf Gottes

Hilfe hätten sie die Angst überwinden und den Weg meistern können. Aber jetzt hadere er mit Gott, der ihm all das zugemutet habe. Er sei in eine Welt geworfen, deren Werte so ganz anders seien als in seiner Heimat. Wenn er sich hier einfügen wolle, komme er in Konflikt mit vielen Geboten und Verboten, die ihm seine Religion aufgebe. Das Lesen im Koran sei ihm wichtig gewesen und auch die täglichen Gebete. Beides sei ihm jetzt nicht mehr möglich.

Als ersten Schritt suchte und fand ich im Internet einen Link zu einer Ausgabe des Koran in Hocharabisch/Dari, der Sprache seiner Heimat. Dennoch war er angespannt, unruhig, nicht im Reinen mit sich und der Welt. Darauf angesprochen klagte er, dass ihm seine Religion gebiete, Angst vor Gott zu haben, wenn man nicht nach den Vorschriften der religiösen Bücher lebe. Ich erinnerte ihn an die ersten beiden Namen Allahs im Koran: Al Rahman, der Gnädige, und Al Rahim, der Barmherzige. Dass ein so benannter Gott möchte, dass die Menschen seine Gebote aus Liebe und nicht aus Angst halten, leuchtete ihm sofort ein. Und auch, dass er für seine, Abas, schwierige Situation Verständnis hat. Am Ende der Sitzung schrieb er in arabischer Sprache in den Sand: »Gott ist der Eine.« Kurze Zeit später zeigte er uns auf seinem Handy ein Video: Er in einer schiitischen Moschee in einer deutschen Stadt, im gemeinsamen Gebet. Es gehe ihm jetzt gut, versicherte er. Er brauche auch keine Therapie mehr. In der religiösen Gemeinschaft konnte er neue Geborgenheit, ein neues Stück Heimat finden. Und er konnte die Verbindung zu Gott wieder aufnehmen, sich mit ihm versöhnen und so Vertrauen in sich, die Welt und sein Schicksal neu beleben.

Die Beziehung zum Absoluten, zu dem, was dem Menschen wesenhaft innewohnt und gleichzeitig über ihn hinausweist, meint das Wort »religiös« – im Sinne von *religare*, lat. binden – in Verbindung zu sein, in Beziehung zu treten. In seiner anderen sprachlichen Wurzel *relegere*, aufmerken. bedeutet religiös zu sein, dem Heiligen Aufmerksamkeit zu schenken, sich auf es auszurichten. Das Wort »heilig« leitet sich ab von »heil« als »ganz«, im Englischen »holy« von »whole – ganz«. Die Ganzheit, die Vollkommenheit, das

Absolute gehören in den Bereich, dem der Mensch in seinen Sehnsüchten und Ahnungen und in der Tiefe der Seele verbunden ist, an dem er in Augenblicken großer Innigkeit Anteil hat. Der französische Theologe, Philosoph und Mathematiker Nicolas Malebranche (1638–1715) nennt die Aufmerksamkeit »das natürliche Gebet der Seele«. Aus Sicht des Philosophen spricht Gadamer von »der Naturanlage des Menschen zur Philosophie« (Gadamer 1976, S. 123), verstanden im platonischen Sinne als die Liebe zum Wahren, Schönen und Guten.

Auch Carl Gustav Jung sieht das Seelenleben von dieser ursprünglichen Beziehung des Menschen zu einer Wirklichkeit bestimmt, die allem Sein zugrunde liegt. Im Konzept des Unus mundus, der absoluten Einheit des Kosmos, formuliert er das menschliche Streben, die Vielfalt der Welt, des Erlebens und Erleidens in die Einheit des Kosmos zu fassen. In Symbolen und im Erleben der Synchronizität, jenem akausalen Zusammentreffen innerer, seelischer Bereitschaft und äußerer Realität, das mit einer tiefen Erfahrung von Sinn einhergeht, ist es dem Menschen geschenkt, an diesem Einen, dem Unus mundus, teilzuhaben. So entfaltet sich Vertrauen auf einer tiefen Ebene.

In seinen Erinnerungen bekräftigt Jung:

> Die entscheidende Frage für den Menschen ist: Bist du auf Unendliches bezogen oder nicht? Das ist das Kriterium seines Lebens (Jung 2021, S. 354).

Literatur

Gadamer, H.-G. (2003): Schmerz. Einschätzungen aus medizinischer, philosophischer und therapeutischer Sicht. Winter, Heidelberg.

Gadamer, H.-G. (1993a): Über die Verborgenheit der Gesundheit. Aufsätze und Vorträge. Suhrkamp, Frankfurt am Main.

Gadamer, H.-G. (1993b): Wahrheit und Methode. Bd. 2: Ergänzungen, Register. Mohr Siebeck, Tübingen.

Gadamer, H.-G. (1976): Vernunft im Zeitalter der Wissenschaft. Aufsätze. Suhrkamp, Frankfurt am Main.

Goethe, J.-W. von (1972): Maximen und Reflexionen, Nr. 188. In: ders.: Kunst und Altertum. Bd. 4, Heft 2. Berliner Ausgabe. Peter Lang, Frankfurt am Main.

Han, B. C. (2019): Vom Verschwinden der Rituale. Eine Topologie der Gegenwart. Ullstein, Berlin.

Heidegger, M. (2013): Briefe über den Humanismus. In: ders. Wegmarken. Klostermann, Frankfurt am Main.

Jung, C. G. (2020): Erinnerungen, Träume, Gedanken. Aufgezeichnet und herausgegeben von Aniela Jaffé. Korrigierte Sonderausgabe. 21. Aufl. Edition C. G. Jung im Patmos Verlag, Ostfildern.

Jung, C. G. (2021a): Definitionen. In: Gesammelte Werke (GW). Bd. 6: Psychologische Typen. Hg. von Niehus-Jung, Marianne / Hurwitz-Eisner, Lena / Riklin, Franz / Zander, Leonie. Sonderausgabe. 5. Aufl. Edition C. G. Jung im Patmos Verlag, Ostfildern, §§ 672–857.

Jung, C. G. (2021b): Die Konjunktion. In: GW 14/II: Mysterium Coniunctionis. Hg. von Jung-Merker, Lilly / Rüf, Elisabeth. Sonderausgabe. 4. Aufl. Edition C. G. Jung im Patmos Verlag. Ostfildern, §§ 320–444.

Simenon, G. (2018): Brief an meine Mutter. Kampa, Zürich.

Tokarczuk, O. (2020): Der liebevolle Erzähler. Vorlesung zur Verleihung des Nobelpreises für Literatur. Kampa, Zürich.

MAIKE SCHULT

»Ich gebe Gott ehrerbietigst die Eintrittskarte zurück.«

Zur Vertrauensfrage nach traumatischen Ereignissen

Vielen Dank für die Einladung nach Lindau. Ich bin dort noch nie gewesen, und wie es aussieht, wird es auch so bleiben. Denn wir treffen uns eben nicht am Ort, sondern *online*, wie es Neudeutsch heißt. Also in einem Netzzusammenhang, der uns kommunikativ zusammenführt und zugleich räumlich auseinanderhält. Dieses Netz ist nicht mit unserem Schienennetz identisch. Ja, es braucht dieses Schienennetz nicht einmal mehr, damit wir uns treffen. Vieles bleibt in diesen Tagen eben auf der Strecke. Darunter zu meinem Bedauern auch das Erste-Klasse-Ticket von der Deutschen Bahn, das Sie mir für die Fahrt nach Lindau so freundlich in Aussicht gestellt hatten. Schade eigentlich. Ich wäre gern mal »Erster Klasse« gereist. Nicht aus Eitelkeit, versteht sich, sondern zu Forschungszwecken. Denn die moderne Traumaforschung, an der sich die Vertrauensfrage noch einmal zuspitzt, beginnt eben mit der Erfindung der Eisenbahn Mitte des 19. Jahrhunderts. Sie ist eng gebunden an den Prozess von Industrialisierung, Technisierung und Urbanisierung, der das Lebensgefühl beschleunigt und vielen die Welt »unheimlich und fremd« (Seidler 2013a, S. 5) gemacht hat. Besonders die Eisenbahn, das erste mechanische Massenverkehrsmittel der Welt,[1] und die mit ihm verbundene Umgestaltung des Lebens markieren diese Epochenschwelle, markieren die Industrialisierung von Raum und Zeit, die damals beginnt und deren Folgen uns nach wie vor beschäftigen. Man kann dies wunderbar nachlesen in dem Buch *Geschichte der Eisenbahnreise*[2] von Wolfgang Schivelbusch, aus dem ich zusammengetragen habe, was für den Zusammenhang von Verunsicherung und Vertrauen beim

Aufkommen einer neuen Technik wichtig ist.[3] Das ist unser erster Schritt, unsere Eintrittskarte ins Thema.

I. Verstörendes Vertrauen: Zum Umgang mit neuer Technik

Die Eisenbahn war etwas völlig Neues. Sie steht für den Beginn der Industrialisierung des Reisens und hat unser Raum-Zeit-Erleben verändert. Ihr Schienennetz zerstörte den natürlichen Landschaftsraum, durchzog ihn mit Trassen und Tunneln, überspannte ihn mit Brücken und ballte das Gleissystem zu Verkehrsknotenpunkten zusammen. Die Reisenden folgten nun nicht mehr Wegen, die sich der Umgebung anpassten, sondern die Umgebung wurde gezwungen, sich dem Transportmittel anzugleichen. Man sauste auf Schienen dahin und sah die Welt in einem ungekannten Tempo an sich vorüberziehen. Das Reiseerleben wurde neu strukturiert. Entscheidend war nun nicht mehr der Raum zwischen den Zielorten. Entscheidend waren plötzlich Start und Ziel, die an den neugebauten Bahnhöfen Anfang und Ende fanden. Ihre festen Fahrzeiten machten das Reisen planbarer, lösten aber auch Ängste aus, den Anschluss zu verpassen (Schivelbusch 2011, S. 200, Anm. 16). Auch die Bahnhofsgebäude griffen tief in den Städtebau ein. Hausbesitzer wurden enteignet, Stadtmauern abgerissen und ganze Stadtteile niedergewalzt, um Bahnhofsvierteln Platz zu machen, die laut und schmutzig waren und den Gesamtcharakter der Städte veränderten.

Die Eisenbahn konnte aber auch Räume erschließen. Sie war binnen kurzem auf allen Kontinenten verbreitet und schuf neue blühende Handelsrouten. Auch die Reisezeit veränderte sich. Städte und Länder mussten sich eine einheitliche Zeitrechnung geben.[4] Mit Fahrplänen sorgte die Bahn für einen raschen und zuverlässigen Transport und bot dabei mehr Schutz und Komfort als die Kutsche oder das Schiff. Die Fahrgäste reisten mit der Bahn also nicht nur schneller, sondern auch bequemer und risikoloser als in der Vergangenheit. Und da sie allen gesellschaftlichen Schichten offenstand, wurde die Bahn als »demokratisches« Verkehrsmittel auch politisch begrüßt. Wie im Flug[5] trug sie Reisende von der Ersten bis zur Vierten Klasse durch das Land. Die Angehörigen der unteren Klassen wurden allerdings zunächst nur in offenen Güterwagen transportiert, während Reisende der Ersten Klasse behaglich in Abteilen saßen. Diese Abteile waren dem Vorbild der Kutsche nachempfunden[6] und sollten eine gewisse Vertrautheit und vor allem Vertrauen in die neue Technik vermitteln.

Die Abteile waren ursprünglich als Einzelteile aneinandergereiht. Sie sahen also in etwa so aus wie die Kürbiskutsche aus dem *Cinderella*-Film von Walt Disney. Diese Monaden waren nur von außen zugänglich. Sie konnten während der Fahrt vom Personal nicht erreicht werden und wurden für die Fahrt von außen verschlossen. Bis zum nächsten Halt steckte man hier fest wie in einer Zelle und fühlte sich oft ausgeliefert. Das stundenlange Zusammensitzen mit fremden Menschen auf engstem Raum führte eben nicht einfach zu einem Gefühl vertrauensvoller Verbundenheit, und es schweißte die Reisenden auch nicht wie bei einer Kutschfahrt zu einer Reisegesellschaft zusammen. Die Zugabteile weckten eher das unbestimmte Gefühl von Peinlichkeit und Bedrohung. Sie ließen zu wenig Privatsphäre zu und hielten die Reisenden oft schweigend voreinander fest. Besonders Alleinreisende fühlten sich von der potenziellen Gefahr bedroht, dass der vermeintliche Schutzraum durch Überfälle, Vergewaltigung oder Mord zur Falle werden konnte. Schivelbusch spricht darum vom Abteil sogar als einem »traumatischen Ort« (Schivelbusch 2011, S. 75), und auch die sogenannten Abteilmorde, die in den 1860er-Jahren in England und Frankreich verübt wurden, wirkten als »europäische Angstereignisse« (Schivelbusch 2011, S. 79). Sie führten die Gefährdung von Bahnreisenden drastisch vor Augen und brachten ans Licht, was diese bis dahin eher unterschwellig begleitet hatte: das Gefühl von Gewalt, das mit der Eisenbahn trotz aller Euphorie auch verbunden war. Schon der Zug selbst, und hier vor allem die Lokomotive, galt vielen als dröhnendes, feuerspeiendes Ungetüm aus biblischer Zeit, in dessen Metallkörper man eingeschlossen wurde und dadurch gezwungen war, die fremden Bewegungen ohnmächtig mitzuvollziehen.

Die negativen Effekte von Eisenbahnfahrten auf Reisende, Lokführer und Heizer wurden 1857 erstmals systematisch untersucht. Man führte sie zurück auf den permanenten Wechsel von Hitze und Kälte, den ungewohnten Lärm und den unerträglichen Dampf, der die Fahrten begleitete und der die Muskeln und Sinnesorgane offenbar überreizte. Vor allem aber schrieb man die Negativwirkungen den neuen mechanischen Bewegungen zu und suchte dies durch eine bequemere Polsterung[7] auszugleichen. Die harten Reisebedingungen sollten vergessen gemacht und der Körper vor den mechanischen Erschütterungen besser geschützt werden, und so wurden besonders die Abteile der Ersten Klasse mit elastischen, schwingenden Materialien ausgestattet,[8] um die Reisenden wortwörtlich abzufedern, ›abzupolstern‹ und in Watte zu packen.[9] Die Frage, wie sich die neue Technik, die Industrialisierung des Reisens, auf die Menschen auswirkt, wurde also früh gestellt, zunächst aber nur körperlich-technisch beantwortet. Dass sie auch für die Seele Folgen hatte, kam erst langsam zu Bewusstsein. Die Einsicht brach dort auf, wo die neue Technik sichtbar aus der Spur geriet, wo die ersten Züge entgleisten und schwere Unfälle verursachten.

Eisenbahnunglücke gehören zu den spektakulärsten Ereignissen des 19. Jahrhunderts (Harrington 2010; Caplan 2010). Der Unfall auf der Strecke Paris-Versailles zum Beispiel im Jahr 1842, ausgelöst durch einen Achsenbruch,[10] forderte um die 50 Todesopfer und über einhundert Verletzte. Er gilt als erstes »europäisches Eisenbahntrauma« (Schivelbusch 2011, S. 114), das in der damaligen Presselandschaft ausführlich thematisiert wurde.[11] Die genaue Zahl der Opfer war allerdings schwer zu ermitteln, weil bei dem Unfall nicht nur die Lokomotive entgleiste, sondern auch der Kessel explodierte und viele Fahrgäste, die, wie anfangs eben üblich, in den Wagenkasten eingeschlossen waren, verbrannten. Unter ihnen waren viele Frauen der höheren Gesellschaft, die diesen strahlenden Tag im Mai für einen Ausflug nach Versailles genutzt hatten und nun in fröhlicher Stimmung auf dem Rückweg in die Hauptstadt waren. Ihre Reifröcke fingen sofort Feuer. Löschvorrichtungen gab es noch nicht. Und das wenige Personal war nicht in der Lage, die Menschen aus den geschlossenen Abteilen zu befreien.

Mit diesem Unfall, so die Medizinhistorikerin Esther Fischer-Homberger, seien Bilder ins zivile Leben eingebrochen, wie man sie bis dahin nur aus Kriegen gekannt hat: »Szenen aus der Ikonographie der Hölle« (Fischer-Homberger 2009, S. 60). Das vorindustrielle Zeitalter kannte den technischen Unfall in diesem Sinne nicht (Schivelbusch 2011, S. 118). Seine Katastrophen waren Naturereignisse, die als Erdbeben, Sturm, Flut oder Blitzschlag von außen kamen. Der technische Unfall hingegen brachte die Vernichtung von innen. Die Apparaturen zerstörten sich durch ihre eigene Kraft und rissen den Menschen mit, der sie erfunden und sich seiner Erfindung vertrauensvoll überlassen hatte. Entsprechend wuchtig war nun die Wirkung: Der Achsenbruch einer Kutsche bedeutete eine Unterbrechung für die unmittelbar Betroffenen; der Achsenbruch auf der Strecke Paris-Versailles mit seinem verheerenden Kesselbrand war eine Katastrophe, die ganz Europa erschütterte (Schivelbusch 2011, S. 119).

Menschen, die bei einem solchen Eisenbahnunfall zu Schaden kamen, zeigten in der Folge Krankheitssymptome, die man bis dahin nicht gekannt hatte und für die Mitte des 19. Jahrhunderts der Begriff »railway-spine« aufkam. Die Symptome wurden zunächst wiederum als körperlich verursacht gedeutet, dann aber zunehmend als psychogenetisch erkannt. Sie konnten überraschenderweise auch dann auftreten, wenn es nur geringe oder gar keine äußeren Verletzungen gab und man den Unfall vielleicht nur gesehen hatte. Sie konnten sich in physischer und psychischer Zerrüttung zeigen, in Nervosität und schlechten Träumen und zu Arbeitsunfähigkeit oder sogar zum Tode führen. Der Name »railway-spine« wurde vom Rückenmark abgeleitet, das man durch die Bewegungen des Zuges erschüttert glaubte. Da aber das Rückenmark in dieser Zeit oft als Sitz als Seele galt, wurden die Symptome auch als psychische Folgen des Unfallschocks verstanden: ausgelöst durch das besondere Schreckerlebnis, seine Plötzlichkeit und die Hilflosigkeit, das Gefühl der Ohnmacht, das mit dem Ereignis verbunden war. Diese »railway-spine« oder »Schreckneurose«, wie sie im Deutschen hieß, gilt heute als eine der ersten wissenschaftlichen Beschreibungen der PTBS, der posttraumatischen Belastungsstörung (Schnyder 2005, S. 19).

Das Reisen mit der Eisenbahn markiert also einen kulturgeschichtlichen Einschnitt. Es veränderte am Beginn der Moderne das Raum-Zeit-Erleben und brachte eine andere Dimension von Unfällen hervor. Medizinhistorisch bezeichnet es den Beginn der Erforschung posttraumatischer Symptome, ohne dass der Begriff zu dieser Zeit bereits geprägt war. Die Symptome wurden als Folge der Industrialisierung verstanden, also als eine Zivilisationskrankheit, ein neuzeitliches Phänomen, das sich epidemieartig über Westeuropa verbreitete, dann aber wieder zurückging, je mehr sich die Menschen an die neue Technik gewöhnten. Aus jedem Unfall zog man Lehren: Man verschloss die Abteile nicht mehr von außen. Man baute durchgängige Züge, die während der Fahrt dem Personal zugänglich waren. Man baute Einzelabteile ab und mehr Großraumabteile ein. Man sorgte für Notbremsen und kleine Werkzeuge, mit denen sich im Notfall ein Wagenfenster auch von innen aufschlagen lässt. Und je mehr man nachbesserte, je mehr man abfederte, je vertrauter die Reisenden mit der neuen Technik und ihren Abläufen wurden, desto mehr schwand auch die Angst. Bei jedem größeren Unfall aber bricht sie wieder auf. Und sie tut dies umso heftiger, je perfektionierter die technische Apparatur vorher zu sein schien. Solange die Angst die Menschen in eine aufmerksame Erwartungshaltung versetzt, kann sie die Auswirkung tatsächlich eintretender Unfälle in einem gewissen Maße sogar abmildern. Ist die Angst dagegen vertrauensselig verdrängt, löst dies in der Unfallsituation selbst ein Schreckerleben aus, das für den Einzelnen nur schwer zu verarbeiten ist, das das Gefühl der Sicherheit als fragil und trügerisch entlarvt und die Frage aufwirft, warum überhaupt Menschen trotz aller Verstörung immer neu in eine neue Technik Vertrauen fassen.

Bis heute ist die Bahn ein Symbol für die mobile Gesellschaft. Wir wissen um ihre Verletzlichkeit und können ihr doch unser Vertrauen nie ganz entziehen. Im Gegenteil: Wird die Mobilität wie in Zeiten der Pandemie begrenzt durch ein winziges Virus, das niemand sieht, empfinden wir die sichtbare Einschränkung unserer Bewegungsfreiheit als Zumutung. Wir blenden dabei natürlich aus, was wir an Wissen haben: die zahllosen Eisenbahnunfälle, die sich seit dem ersten großen Unfall auf der Strecke Paris-Versailles 1842 inzwischen weltweit ereignet haben; den Missbrauch von Eisenbahnen in Kriegen und Revolutionen; das industrialisierte Morden im Nationalsozialismus, das nicht organisierbar gewesen wäre ohne die Züge der Deutschen Reichsbahn, die an den abgeschnittenen Schienensträngen von Auschwitz in den Tod führten. Wir wissen dies, und wir lösen trotzdem unsere Fahrkarte. Wir steigen trotz Bombenwarnungen in Züge. Wir kommen an Bord von Flugzeugen, obwohl wir seit 9/11 wissen, dass diese als Waffe missbraucht werden können und dieser Missbrauch, medial inszeniert, zeitgleich mit dem Ereignis um die Welt geht (Schult 2016). Wir vertrauen uns trotzdem an. Der Lokführerin und dem Flugkapitän. Trotz der Germanwings-Maschine, mit der der Co-Pilot 2015 alle 150 Passagiere bewusst und planvoll mit sich in den Tod riss. Wir wissen, und wir vergessen. Wir vergessen, um uns weiter in dieser Welt bewegen zu können zu Bedingungen, die die Welt uns vorgibt.

2. Erschüttert in Raum und Zeit: Vertrauen nach traumatischen Ereignissen

Traumatische Erfahrungen sind Ereignisse von existenzbedrohender Vernichtungskraft. Sie dringen von außen in die Betroffenen ein, erschüttern ihr Selbst- und Weltverständnis, bringen die äußere Welt aus den Fugen und den inneren Raum aus dem Lot. Sie können sich sequenziell und kumulativ über längere Zeit aufbauen. Doch meist kommen sie plötzlich und unerwartet, sodass man sich

160

nicht darauf einstellen und nicht dagegen wehren kann. Man spricht darum auch von einem »Widerfahrnis« (Seidler 2013b, S. 16 und S. 30) oder »Erleidnis« (Reemtsma 2008, S. 131), das jeden Menschen treffen kann als Unfall, Überfall, Vergewaltigung, Krieg und Verfolgung und ihn mit der Unverfügbarkeit des Lebens und der eigenen Vergänglichkeit konfrontiert. Tatsächlich hat sich die Traumaforschung an eben solchen Stationen entwickelt: Nach der Erfindung der Eisenbahn und der Diagnose des Störungsbildes »railway spine«, wie es nach Eisenbahnunfällen, aber auch anderen Industrieunfällen auftrat, schrieb sie sich weiter an der sogenannten Hysterie, am Phänomen der Kriegszitterer des Ersten Weltkriegs, am Holocaust, der sexualisierten Gewalt, bis schließlich die Vietnam-Veteranen dafür sorgten, dass 1980 mit den Kriterien der »Posttraumatischen Belastungsstörung« (PTBS) das erste offizielle Diagnoseinstrument gefunden wurde – eine Bandbreite an Phänomenen also, die im Kern dadurch verbunden sind, dass es sich um Geschehen handelt »von außergewöhnlicher Bedrohung mit katastrophalem Ausmaß, die nahezu bei jedem tiefgreifende Verzweiflung auslösen« würden (Maercker 2013b, S. 14).

Zu den Hauptkriterien einer PTBS gehören anhaltende Übererregungszustände und Vermeidungshaltungen, die das Trauma zu einem Fremdkörper im eigenen Leben machen, zu einem wunden Punkt, der nicht berührt und nicht Teil der eigenen Biografie werden kann. Das Lebensgefühl ist bestimmt von dem Eindruck: *Nichts ist mehr, wie es war.* Sicher geglaubte Stärken scheinen verloren, Ressourcen verschlossen, der Lebensweg zerteilt in ein Davor und ein Danach. Das hängt auch mit den narrativen Prozessen zusammen, die durch das traumatische Erleidnis blockiert werden und die Fähigkeit der Betroffenen demontieren, von ihrer Erfahrung zu berichten und ein kohärentes Sinnerleben zu empfinden. Zentrale Merkmale des Traumas sind darum die Verstörung des Raum-Zeit-Erlebens und der sprachlichen Ausdruckskraft, die es erschweren, das Ereignis zu erzählen und im Prozess von Berichten und Verstehen zu seiner Verarbeitung zu gelangen. Traumatische »Ereignisse werden durchlebt, aber nicht als Teil des Selbst erfahren« (Laub 2000, S. 861). Sie hinterlassen »eine Zerstörung von Form und Struktur« (ebd., S. 867), die verhindert, dass das Ereignis in einer kohärenten Weise dargestellt und verstanden werden kann. Seine Einordnung in einen zeitlichen, räumlichen und kausalen Zusammenhang ist nicht möglich. Erinnerungen an den Auslöser erscheinen fragmentiert wie Bruchstücke, die sich nicht zu einem Gesamtbild zusammenfügen. Wird das Ereignis durch bestimmte Trigger neu angesprochen und in Form von Intrusionen wie Flashbacks und Albträumen wiedererlebt, so geschieht dies in einem »Hier-und-Jetzt-Gefühl« (Neuner/Schauer/Elbert 2013, S. 333), das das vergangene Geschehen wie gegenwärtig erleben lässt und die innere Distanzierung verhindert. Die Intrusionen werden als Wiederholungen eines Schreckens empfunden, der in das Leben eingebrochen ist und den Alltag weiter bestimmt. Die Gefühlswelt erscheint fremd und feindlich oder taub und abgestumpft. Die Betroffenen fühlen sich abgeschnitten von Freude und Trauer, aber auch entfremdet von nahestehenden Personen, die das Ereignis nicht miterlebt haben und hoffen, dass der oder die Traumatisierte rasch geheilt zur Tagesordnung übergeht.

Die Betroffenen dagegen stehen vor der Aufgabe, ihr Leben nach traumatischen Einschnitten neu zu ordnen. Oft empfinden sie dabei eine Kluft denen gegenüber, die das Ereignis nicht erlebt haben. Denn sie haben eine Erfahrung gemacht, die den Blick auf das Leben verändert und die sich anderen nicht vermitteln lässt. Das zeigt sich auch in der seelsorglichen oder therapeutischen Begleitung. Oft ist es für die Betroffenen nicht möglich, das Erleidnis aus eigener Kraft als Erfahrung abzuspeichern. Traumatisierte sind darum in besonderer Weise auf Begleitung, auf Zeugenschaft angewiesen. Aber eben das ist gar nicht so einfach. Denn die Vertrauensfrage stellt sich hier schärfer und macht es schwerer, neue Beziehungen aufzubauen. So kann der Einbruch des Traumas Kommunikationsstrukturen verändern, Abbrüche im sozialen Umfeld nach sich ziehen, das Welt- und Selbstverständnis der Betroffenen erschüttern und Wertvorstellungen, auch religiöse (Seidler 2013b, S. 43), infrage stellen. Traumatisierungen blockieren zudem das Kohärenzgefühl, das für Stimmigkeit und Sinnerleben sorgt, und unterlaufen damit das Grundbedürfnis des Menschen, »die Widerfahrnisse des Lebens in einen Zusammenhang zu bringen, sie nachvollziehbar zu ordnen, sie verstehbar zu machen und damit Ordnung und Kohärenz in ihre Leben zu bringen« (Klessmann 2008, S. 203).

Das bedeutet aber nicht, dass gar keine Sinndeutungen vorgenommen werden. Bestimmte Sinnmuster können sich sogar verfestigen und destruktiv wirken, etwa wenn sich Opfer von Gewalt selbst die Schuld am Erlebten geben,[12] um in einer Situation völliger Ohnmacht ein Minimum an Aktivität und Deutungsmacht zu erhalten. Oder wenn die Umwelt die Schuld am Erlittenen vom Täter weg auf das Opfer transferiert, um die Einsicht in die eigene potenzielle Gefährdung und die Willkür von Gewalt abzuwehren.[13] Schließlich können Traumatisierte auch Halt suchen in fundamentalistischen Kreisen und sich den dualistischen Weltbildern religiöser oder politischer Sekten anschließen (Schult 2018), »im Dienste der Aufrechterhaltung der Annahme, dass die Welt im Wesentlichen gerecht ist, dass ›gute‹ Menschen ihr Leben im Griff haben und nur ›bösen‹ Menschen Schlimmes zustößt« (Jost 2004, S. 275).[14] Für Seelsorge und Therapie kann dies durchaus eine Zumutung sein und sie dazu veranlassen, selbst die ›besseren‹ Antworten zu liefern oder die ›richtigen‹ Erklärungen zu geben. Doch nicht jede Form von Kontrolle ist in diesem Zusammenhang als Abwehr zu deuten, wie die Marburger Theologin Kristina Augst aufgezeigt hat. Zwar könne es auch in der Traumaarbeit wichtig sein, Sinnlosigkeit auszuhalten, doch liege die Funktion von Religion hier nicht nur in anhaltender Beunruhigung und Befremdung (wie Henning Luther es in anderem Zusammenhang theologisch starkgemacht hat), sondern auch in Beheimatung und Orientierung. Traumatisierte sind nach dem Erleidnis oft Übererregungen ausgesetzt und erleben die Welt als feindlich und voller Gefahr. Sie befinden sich also längst »im Zustand einer anhaltenden Beunruhigung – das ist genau Teil des Problems« (Augst 2012, S. 198). Ihr Bedürfnis, die Welt unter Kontrolle zu bringen, sei darum nicht als

Abwehr von Sinnlosigkeit zu verstehen, sondern als der Versuch, das Trauma zu ›zähmen‹,[15] es in die eigene Biografie einzuordnen und überhaupt wieder so etwas wie Vertrauen aufzubauen. Das grundsätzlich berechtigte Anliegen, Religion nicht nur als Stabilisierungsfaktor und Moment von Sinnstiftung zu verstehen, dürfe darum nicht ins Gegenteil umschlagen – erst wenn ein Minimum an Stabilität und Sicherheit zurückgewonnen ist, kann sich neue Lebendigkeit einstellen.

Als eine gute Hilfe erwiesen haben sich Gesprächsgruppen, in denen in einer vertrauensvollen Atmosphäre Gleichgesinnte, also ähnlich Betroffene, ihre Geschichten erzählen können und in diesem Erzählraum Anerkenntnis und Solidarität erleben. Und auch für die klassische Therapie machte der ungarische Psychoanalytiker und Freud-Schüler Sándor Ferenczi bereits einen entscheidenden Vorstoß. Da er die Wirkung von Lüge und Betrug als traumatisierendes Moment erkannt hatte und ihre Wiederholung in der therapeutischen Situation vermeiden wollte, gab er die sonst übliche distanzierte Haltung in bestimmten Situationen auf und forderte, der Patientin, dem Patienten gegenüber unbedingt aufrichtig zu sein, Irrtümer einzugestehen und auch eigene Gefühle transparent zu machen. Denn erst dieses Vertrauen, das durch die Aufrichtigkeit geschaffen werde, mache den Unterschied zur traumatischen Vergangenheit aus und ermögliche deren Bearbeitung (Bohleber 2000, S. 802; Ferenczi 1972). Der Analytiker, so könnte man sich diesen Ansatz übersetzen, sollte also für die Traumatisierte ›lesbar‹ sein.

Vertrauen ist riskant. Es kann enttäuscht und missbraucht werden, und Menschen, deren Vertrauen wieder und wieder gezielt missbraucht worden ist, gehen dieses Risiko nicht wieder ein. Der Umgang mit ihnen kann darum schwierig sein. Die Signale für Nähe oder Distanz können wechseln. Im einen Augenblick wird der Seelsorger als *Retter* erlebt, im nächsten als *Verfolger* beschimpft. Die aggressive Grenzverletzung, die man erlebt hat, hat die Vorstellung erschüttert von der Welt als einem sozial verlässlichen Ort, an dem Menschen vertrauensvoll und fair miteinander umgehen, und oft kann die verletzte Integrität nur auf einer Metaebene wiederhergestellt werden.[16] Traumatische Ereignisse erschüttern das Selbst- und Weltverhältnis. Sie stellen Werte und religiöse Überzeugungen infrage und demontieren das Vertrauen in soziale Beziehungen und das Zutrauen zu sich selbst. Oft stehen sie im Widerspruch zu allen vorausliegenden Erfahrungen einer Person und ihren Grundüberzeugungen. Sie können darum weder akzeptiert noch integriert werden. Weil das bei bestimmten Ereignissen, einem Eisenbahnunfall etwa, aber nicht nur *einem* Menschen so geht, sondern vielen, hat Trauma nicht nur eine individualpsychologische, sondern auch eine sozialpolitische Dimension. Es verweist auf die hohen Risiken der mobilen Gesellschaft, auf ihre Gewaltbereitschaft und Verletzlichkeit und erweist sich trotz aller Forschung als komplexe, schwer schematisierbare Leidenserfahrung. Ihre Behandlung ist nicht operationalisierbar und eine ›Heilung‹ nicht möglich, wenn damit gemeint ist, dass der Betroffene eines Tages sein altes Leben wiederaufnehmen kann. Das alte Leben gibt es nicht mehr. Die Narbe bleibt – und das zu akzeptieren, ist die schwierige, manchmal lebenslange Aufgabe. Diagnosen wie die PTBS, um deren Anerkennung seit dem 19. Jahrhundert versicherungsrechtlich hart gerungen wird, aber auch die juristische Aufarbeitung von Unfällen und Verbrechen können eine Hilfe sein, die die Gesellschaft Betroffenen anbietet. Nicht alles aber lässt sich damit erfassen oder gar ›in den Griff‹ bekommen: »Zerbrochene Sicherheitsvorstellungen, zerstörte Fähigkeiten zu vertrauen oder das eigene Leben als sinnvoll zu erleben sind keine akzeptierten Krankheiten […]« (Seidler 2013b, S. 95).

3. Das Recht auf Rückgabe im Raum der Literatur

Trauma ist eine individuelle, schwer schematisierbare Leidenserfahrung, deren Komplexität sich weder durch Theoriebildung noch durch Normvorgaben auflösen lässt. Der Literaturwissenschaftler Ulrich Baer hat Trauma darum einmal mit einem Gedicht verglichen, das sich seinem Leser gegenüber verschließt und doch danach sehnt, verstanden zu werden. Beim kleinsten Zeichen des Nicht-Verstehens aber, bei jeder oberflächlichen Geste oder phrasenhaften Reaktion werde es sich in die stumme Zone seiner Einzigartigkeit zurückziehen (Baer 2002, S. 25). Für Baer liegt die Bedeutung des Traumas darum im Widerstand gegen verallgemeinernde Versuche der Abstraktion und des Vergleichs. Die Einzigartigkeit des Traumas sei seine Herausforderung: »Traumatische Erfahrungen vertragen sich nicht mit der tröstlichen Vorstellung einer für alle verbindlichen Lebenswelt und eines gemeinsamen Horizontes des Verstehens. Will man ihre absolute Einzigartigkeit und die monadische Vereinzelung, zu der sie führen, verstehen, so ist es notwendig, sich auf diese Erfahrungen zu ihren eigenen Bedingungen einzulassen« (Baer 2002, S. 23). Jede traumatische Erinnerung erhebe wie ein Gedicht den Anspruch auf absolute Singularität, die aber zugleich erkannt und bemerkt werden will (Baer 2002, S. 24). In der Therapie müsse darum versucht werden, jedes Trauma wie eine fremde Sprache zu entschlüsseln und zu übersetzen. Nur so lasse sich die unerträgliche Vergangenheit in eine Variante überführen, mit der sich leben lässt.

Narrativ-therapeutische Ansätze gehen den Weg von der Sprachlosigkeit bis zur Formulierung des Verlusts, und sie müssen wie die Narrative Expositionstherapie dafür Konzepte entwickeln und Methodenschritte erarbeiten, die klinischen Standards entsprechen und sich in ein Setting fügen, das von den Krankenkassen getragen wird. In Wahrheit aber geht es darum, die jeweilige traumatische Erfahrung einer Person als absolut *anders* und *nicht* verallgemeinerbar anzuerkennen. Dies einem anderen zu Gehör zu bringen, ist ein sehr fragiler, nicht operationalisierbarer Prozess: »Einem anderen zu[zu]hören, der von einer traumatischen Erfahrung Zeugnis ablegt, heißt, aus jedem Wort und jeder Geste die Drohung herauszuhören, daß sich die Erfahrung augenblicklich in die stumme Zone absoluter Einzigartigkeit zurückziehen könnte« (Baer 2002, S. 25). Wer einem anderen in diese Einzigartigkeit folgen will, wird darum zu einem Zeugen, einem Leser des Geschehens. Baer vergleicht den ethischen Anspruch der Trauma-Zeugenschaft mit dem Anspruch, dem sich der Leser eines Gedichts unterwerfen müsse: Beide Begegnungen verlangen, sich diesem Anspruch absoluter Einzigartigkeit zu beugen und nicht dem Impuls nachzugeben, das Gehörte oder Gesehene an bereits erworbenen Kenntnissen zu messen, um es zu vergleichen und in das vertraute Vorwissen einzubeziehen. Literatur ist darum ein wichtiges Mittel, sich in die fremde Welt des Traumas einzufühlen, und auch in Lehrbüchern der Psychotraumatologie ein häufiger Referenzpunkt, um das schwer zu versprachlichende Erleben Traumatisierter zu vermitteln. Die Literatur hat dabei vorprägende Kräfte. Sie kann vorbilden, wie Lücken durch Sprache zu füllen sind, und so bei der Vernarbung unterstützen. Zugleich hat sie als kulturelles Artefakt aber auch die Aufgabe, die Wunde *offen und lesbar zu halten* und Trauma als Provokateur sichtbar zu machen in einer auf Machbarkeit fixierten Gesellschaft, deren Leben in seinen Grundbedingungen doch bleibt, wie es war: verletzlich, vergänglich und das einzige, das wir haben.

Ob wir aber bereit sind, diese Grundbedingungen des Lebens anzunehmen, ob wir vertrauensvoll am Leben festhalten trotz der »Pathologie der Realität« (Hillebrandt 2004) oder gar ein Gottvertrauen haben, das uns trägt, das ist eine offene Frage. Sie kann sich für jeden Menschen neu stellen und auch dann, wenn man meint, eine Antwort gefunden zu haben, nicht als ein für alle Mal beantwortet gelten. Es kann immer wieder Situationen geben, die dazu führen, dass man Gott »die Eintrittskarte zurückgeben will«. So jedenfalls hat es sich für Ivan Karamazov dargestellt, einem der Brüder aus Dostoevskijs letztem Roman *Die Brüder Karamazov* (1880), den die meisten von uns wahrscheinlich gut kennen als Verfasser des »Poems vom Großinquisitor«. Dieses Poem hat Ivan den Ruf eingebracht, ein Atheist und Gottesleugner zu sein. Aber das stimmt nicht ganz. Im Gespräch mit seinem Bruder Alëša, dem Novizen, sagt er: »Nicht Gott lehne ich ab, Alëša, sondern ich gebe Ihm nur ehrerbietigst die Eintrittskarte [wörtlich: das Billett, die Fahrkarte also, M. S.] zurück«[17] (eigene Übersetzung; vgl. auch

Dostojewski 1958, S. 331). Und dafür hat er gute Gründe: das Leid der Kinder, das ihm keine Ruhe lässt und das in diesem Leben oft keinen gerechten Ausgleich findet. Ivan hat seinem Bruder eine Reihe solcher Grausamkeiten detailliert geschildert. Und sie sind nicht die literarische Fiktion des Autors Dostoesvkij, sondern vielmehr von diesem akribisch aus Zeitungsmeldungen seiner Zeit zusammengestellt, und haben bis heute nichts von ihrer traumatischen Wucht verloren. Die ganze »Pathologie der Realität«, zu der Menschen fähig sind, teilt sich hier mit. Und *diese* Einsichten ins Leben machen es Ivan schwer, Gottvertrauen und ein Vertrauen ins Leben und in die Menschen zu behalten. »Ich muss dir ein Geständnis machen««, sagt er: »Ich habe nie begreifen können, wie man seinen Nächsten lieben kann. Gerade die Nächsten kann man meiner Ansicht nach nicht lieben, sondern höchstens die Fernsten«« (Dostojewski 1958, S. 319). Und ich selbst habe, seit ich zu dem Traumathema arbeite und unsere täglichen Nachrichten vor diesem Hintergrund höre, ein Verständnis dafür gewonnen, warum das so sein kann und wie wichtig es dann ist, dass Menschen nicht zu einem Vertrauen gedrängt werden, sondern dass sie die Denkmöglichkeit behalten dürfen, Gott die Eintrittskarte für dieses Leben unter bestimmten Bedingungen zurückgeben zu wollen. Nicht im Sinne einer realen Handlung. Nicht im Sinne eines Suizids, wie ihn gerade Zugführer immer wieder aufgebürdet bekommen von Menschen, die sie im Leben gar nicht kannten.[18] Wohl aber als Denkmöglichkeit und als Möglichkeit zum Protest dagegen, dass es das Leben eben nicht nur »Erster Klasse« gibt, sondern in Abstufungen und Abschattungen, die keineswegs gerecht verteilt sind.

Dass einem von Menschen überhaupt noch Gutes entgegenkommen kann, das erleben manche nicht mehr im direkten Kontakt. Sie erleben es aber, wenn sie sich in die menschenleeren, figurenreichen Räume der Literatur zurückziehen und dort die Nähe und das Vertrauen finden, nach denen sie sich sehnen. Und es steckt eine gewisse Logik und ein gewisser Trost darin, dass der Beginn der Traumaforschung, die Erfindung der Eisenbahn mit all der Destruktion, von der sie berichten muss, auch begleitet war von einer anderen Erfindung: dem Bahnhofsbuchhandel (Haug 2007).[19] Spätestens seit dieser Zeit gehen wir nicht mehr ganz allein durchs Leben. Wir gehen mit einem Buch auf Reisen.

Anmerkungen

1   Als »Vater« der Eisenbahn gilt der Engländer George Stephenson (1781–1848), doch waren auch andere Ingenieure an ihrer Erfindung beteiligt. Stephenson ließ 1825 zwischen Stockton und Darlington die erste öffentliche Eisenbahnstrecke der Welt in Betrieb nehmen, die auch Personen beförderte. In Deutschland wurde die erste Strecke 1835 zwischen Nürnberg und Fürth offiziell eröffnet. Vgl. dazu die Abschnitte »Die Eisenbahn als Netzwerktechnologie« und »Eisenbahn und nationale Integration« in: Osterhammel 2010, S. 1018–1023.

2   Die Eisenbahn produziere Ortsveränderung auf industrielle Weise (Schivelbusch 2011, S. 110).

3   Die Passagen aus Schivelbusch werden im Folgenden zum Teil paraphrasiert und nur punktuell als Zitat nachgewiesen, damit der Lesefluss nicht zu sehr gestört wird.

4   Die für alle Linien verbindliche Eisenbahn-Standardzeit war die Greenwich-Zeit. Sie wurde 1893 auch in Deutschland übernommen (Schivelbusch 2011, S. 44). Unterschiedliche Spurweiten gab es dagegen länger, auch um militärische Invasionen zu erschweren. In Nordamerika, China und fast ganz Europa galt die »Normalspur« von 1435 mm. Zwischen Polen und Russland hingegen und andernorts mussten Umspurungen vorgenommen werden. Dennoch: In ihren Nutzungsmöglichkeiten war die Bahn »kulturneutral« (Osterhammel 2010, S. 126).

5   Der dahinfliegende Zug ist ein Topos des 19. Jahrhunderts (Schivelbusch 2011, S. 75).

6   In Europa waren es Kutschen auf Schienen. In Amerika, wo erst mit dem Eisenbahnwesen die Kulturentwicklung begann und die Mechanisierung als schöpferisch erlebt wurde, wurden von Anfang an Großraumabteile geschaffen, die sich am Vorbild der Dampfschiffe orientierten. Vgl. dazu Schivelbusch 2011, S. 84–105.

7   Hier liegt der Ursprung der Polsterung als einem zentralen kulturhistorischen Phänomen des 19. Jahrhunderts (Schivelbusch 2011, S. 112). Es dringt in die Wohnkultur vor, wo nun nicht mehr nur die physischen Erschütterungen abgefedert werden, sondern wo üppige Polstermöbel die Erinnerung an ihren industriellen Ursprung und das Leben in einer technisierten Welt vergessen machen sollten.

8   Das Prinzip der Elastizität taucht später in der Resilienzforschung wieder auf und wird dabei von der Materialforschung auf psychische Vorgänge übertragen.

9   Man kann es dagegen als Aufgabe gerade von Kunst, Theologie und Psychotherapie verstehen, immer wieder darauf hinzuweisen: »Menschen leiden zutiefst daran, daß die Welt so ›rauh‹ und so schmerzhaft ist; doch es ist nicht möglich,

die Wände der Wirklichkeit mit Samt auszuschlagen; das einzige, was man lehren kann, ist die Kunst, sich passende Schuhe zu schustern« (Drewermann 2009, S. 172).

10   Der Achsenbruch war Folge einer »Materialermüdung« – ein neues Wort für ein neues Phänomen, das das begriffliche Oszillieren zwischen physiologischem und technischem Bedeutungsbereich anzeigt und die moderne Materialforschung in Gang brachte (so Schivelbusch 2011, S. 114, im Exkurs »Industrielle Ermüdung«, S. 113–116). Zum Unfallhergang vgl. genauer: Fischer-Homberger 2009.

11   Fischer-Homberger 1975, S. 39: Der Brand von Hamburg, der vom 5. bis 8. Mai 1842 in der Hansestadt wütete, habe deutlich weniger Pressespalten erhalten.

12   Das ist ein nicht seltenes Phänomen bei Kindern, die sexualisierte Gewalt erlitten haben.

13   Etwa die »blaming-the-victim«-Strategie der Gesellschaft gegenüber Vergewaltigungsopfern.

14   Ähnliches gilt für den Umgang mit Krankheit: Auch hier greifen manche »lieber auf archaisch anmutende Muster« zurück und deuten die Krankheit lieber als Strafe Gottes, »als die anscheinende Sinnlosigkeit eines Ereignisses auszuhalten« (Klessmann 2008, S. 203).

15   Das zeigt sich auch in akuten Situationen. Therapie und Seelsorge können aber auch dann eine Außenperspektive einbringen und helfen, Zusammenhänge zu sehen, die der Einzelne so nicht sehen kann, inneres Chaos zu ordnen oder stellvertretend dafür einzustehen, dass es Sinn auch dort geben kann, wo er jetzt nicht gesehen wird: in Notfällen etwa, wenn der Notfallseelsorger oft schon durch seine physische Präsenz symbolisiert, dass Ruhe und Sicherheit nicht grundsätzlich aus dem Leben verschwunden sind (Zippert 2006; Schult 2020).

16   Das trifft besonders zu auf Gewaltereignisse, die absichtsvoll und arglistig von anderen Menschen verübt werden (sogenannte *man-made-disasters*). Die Folgen von Naturereignissen und technischen Unfällen können dagegen eher integriert werden.

17   »Ich will keine Harmonie, aus Liebe zur Menschheit will ich sie nicht. Ich will es lieber bei den ungerächten Leiden belassen. Lieber belasse ich es bei den ungerächten Leiden und bei meinem ungestillten Zorn […]. Auch hat man die Harmonie zu hoch bewertet, es geht über meine Verhältnisse, soviel für den Eintritt zu zahlen. Darum beeile ich mich, meine Eintrittskarte zurückzugeben. Und wenn ich ein ehrlicher Mann bin, so bin ich verpflichtet, sie so bald wie möglich zurückzugeben. Das tue ich auch. Nicht Gott lehne ich ab, Aljoscha, sondern ich gebe Ihm nur ehrerbietigst die Eintrittskarte zurück« (hier zitiert nach Dostojewski 1958, S. 331). Der Abschnitt steht im zweiten Teil, fünftes Buch (Pro und Contra), Kapitel 4 (Die Auflehnung), dem das Poem vom Großinquisitor folgt.

18   Sie gehören damit zu den traumagefährdeten Berufsgruppen (Seidler 2013b, S. 58 und S. 169–177).

19   Und so lässt sich exemplarisch fragen: »Wie veränderte die in England erfundene Eisenbahn das Lesen?« (Heyl 2020, S. 4).

Literatur

Augst, K. (2012): Auf dem Weg zu einer traumagerechten Theologie. Religiöse Aspekte in der Traumatherapie – Elemente heilsamer religiöser Praxis. Kohlhammer, Stuttgart.

Baer, U. (2002): Traumadeutung, Die Erfahrung der Moderne bei Charles Baudelaire und Paul Celan. Suhrkamp, Frankfurt am Main.

Bohleber, W. (2000): Die Entwicklung der Traumatheorie in der Psychoanalyse. In: Psyche 54/7, S. 797–839.

Caplan, E. (2010): Trains and Trauma in the American Gilded Age. In: Micale, M. S. / Lerner, P. (Hg.): Traumatic Pasts. History, Psychiatry, and Trauma in the Modern Age, 1870–1930. Cambridge University Press, Cambridge, S. 57–77.

Dostojewski, F. M. (1958): Die Brüder Karamasow. Roman [1880]. Europäischer Buchklub, Stuttgart/Zürich/Salzburg.

Drewermann, E. (2009): Das Lukas-Evangelium. Bilder erinnerter Zukunft. Band 1: Lukas 1,1–12,1. Patmos, Düsseldorf.

Ferenczi, S. (1972): Sprachverwirrung zwischen den Erwachsenen und dem Kind. Die Sprache der Zärtlichkeit und der Leidenschaft [1933]. In: Ders.: Schriften zur Psychoanalyse II. Einleitung von Judith Dupont. Auswahl in zwei Bänden. Hg. von Michael Balint. S. Fischer, Frankfurt am Main, S. 303–313.

Fischer-Homberger, E. (1975): Die traumatische Neurose. Vom somatischen zum sozialen Leiden. Huber, Bern/Stuttgart/Wien.

Fischer-Homberger, E. (2009): Der Eisenbahnunfall von 1842 auf der Paris-Versailles-Linie. Traumatische Dissoziation und Fortschrittsgeschichte. In: Kassung, C. (Hg.): Die Unordnung der Dinge. Eine Wissens- und Mediengeschichte des Unfalls. transcript, Bielefeld, S. 49–88.

Harrington, R. (2010): The Railway Accident: Trains, Trauma, and Technological Crises in Nineteenth-Century Britain. In: Micale, M. S. / Lerner, P. (Hg.): Traumatic Pasts. History, Psychiatry, and Trauma in the Modern Age, 1870–1930. Cambridge University Press, Cambridge, S. 31–56.

Haug, C. (2007): Reisen und Lesen im Zeitalter der Industrialisierung. Die Geschichte des Bahnhofs- und Verkehrsbuchhandels in Deutschland von seinen Anfängen um 1850 bis zum Ende der Weimarer Republik. Harrasowitz, Wiesbaden.

Heyl, C. (2020): Kleine Englische Literaturgeschichte. J. B. Metzler, Berlin.

Hillebrandt, R. (2004): Das Trauma in der Psychoanalyse. Eine psychologische und politische Kritik an der psychoanalytischen Traumatheorie. Psychosozial, Gießen.

Jost, R. (2004): Debora in der neuen Welt. Trauma, Heilung und die Bibel. In: Crüsemann, F. / Crüsemann, M. / Janssen, C. / Kessler, R. / Wehn, B. (Hg.): Dem Tod nicht glauben. Sozialgeschichte der Bibel. Festschrift für Luise Schottroff zum 70. Geburtstag. Gütersloher Verlagshaus, Gütersloh, S. 269–292.

Klessmann, M. (2008): Seelsorge. Begleitung, Begegnung, Lebensdeutung im Horizont des christlichen Glaubens. Ein Lehrbuch. Neukirchner, Neukirchen-Vluyn.

Laub, D. (2000): »Eros oder Thanatos? Der Kampf um die Erzählbarkeit des Traumas«. In: Psyche 54/9–10, S. 860–894.

Maercker, A. (Hg.) (2013a): Posttraumatische Belastungsstörungen. 4., vollständig überarbeitete und aktualisierte Auflage. Mit 35 Abbildungen und 40 Tabellen. Springer, Berlin/Heidelberg.

Maercker, A. (2013b): Symptomatik, Klassifikation und Epidemiologie. In: ders.: Posttraumatische Belastungsstörungen. 4., vollständig überarbeitete und aktualisierte Auflage. Mit 35 Abbildungen und 40 Tabellen. Springer, Berlin/Heidelberg, S. 13–34.

Micale, M. S. / Lerner, P. (Hg.) (2010): Traumatic Pasts. History, Psychiatry, and Trauma in the Modern Age, 1870–1930. Cambridge University Press, Cambridge.

Neuner, F. / Schauer, M. / Elbert, T. (2013): »Narrative Exposition«. In: Maercker, A. (Hg.): Posttraumatische Belastungsstörungen. 4., vollständig überarbeitete und aktualisierte Auflage. Mit 35 Abbildungen und 40 Tabellen. Springer, Berlin/Heidelberg, S. 327–347.

Osterhammel, J. (2010): Die Verwandlung der Welt. Eine Geschichte des 19. Jahrhunderts. Bundeszentrale für politische Bildung, Bonn.

Reemtsma, J. P. (2008): Vertrauen und Gewalt. Versuch über eine besondere Konstellation der Moderne. Hamburger Edition, Hamburg.

Schivelbusch, W. (2011): Geschichte der Eisenbahnreise. Zur Industrialisierung von Raum und Zeit im 19. Jahrhundert. 5. Aufl. S. Fischer, Frankfurt am Main.

Schnyder, U. (2005): Trauma und posttraumatische Belastungsstörung. Theorie und Behandlung. In: Existenzanalyse 22/2 (2005), S. 19–26.

Schult, M. (2016): Zeuge und Zuschauer. Intellektuelle im Angesicht des Schreckens. In: Gansel, C. / Nell, W. (Hg.): Vom kritischen Denker zur Medienprominenz? Zur Rolle von Intellektuellen in Literatur und Gesellschaft vor und nach 1989. transcript, Bielefeld, S. 71–92.

Schult, M. (2018): Was bringt den Sturm zur Ruhe? Deutungsoptionen dämonischer Kräfte in der Traumaseelsorge. In: Frey, J. / Popkes, E. E. (Hg.): Dualismus, Dämonologie und diabolische Figuren. Unter Mitarbeit von Stefanie Christine Hertel-Holst. Mohr Siebeck, Tübingen, S. 439–457.

Schult, M. (2020): Für Sinn sorgen? Seelsorge und kognitive Verhaltenstherapie nach traumatischen Ereignissen. In: Haußmann, A. / Höfelschweiger, R. (Hg.): Spiritualität und Sinn. Seelsorge und Kognitive Verhaltenstherapie im Dialog. Evangelische Verlagsanstalt, Leipzig, S. 139–162.

Seidler, G. H. (2013a): Einleitung: Geschichte der Psychotraumatologie. In: Maercker, A.: Posttraumatische Belastungsstörungen. 4., vollständig überarbeitete und aktualisierte Auflage. Mit 35 Abbildungen und 40 Tabellen. Springer, Berlin/Heidelberg, S. 3–12.

Seidler, G. H. (2013b): Psychotraumatologie. Das Lehrbuch. Kohlhammer, Stuttgart.

Zippert, T. (2006): Die Sinnfrage in Notfallsituationen – existenzielle Fragestellungen in Krisen im Horizont von Spiritualität und Religion. In: ders., Notfallseelsorge. Grundlegungen, Orientierungen, Erfahrungen. Winter, Heidelberg, S. 223–235.

Anhang

Kurzbiografien

Renate Daniel
Hohentengen a. H. Dr. med. Ärztin für Psychiatrie, Psychotherapie und Psychoanalyse in eigener Praxis, Dozentin, Lehranalytikerin, Supervisorin und Programmdirektorin am C. G. Jung-Institut Zürich, Wissenschaftliche Leiterin der Internationalen Gesellschaft für Tiefenpsychologie e. V. Mehrere Veröffentlichungen, zuletzt: *Psyche und Soma* (2020), *Das Selbst. Grundlagen und Implikationen eines zentralen Konzepts der Analytischen Psychologie* (2018).
renate.daniel@t-online.de

Johanna Haberer
Erlangen. Prof. Dr. theol., Theologin und Journalistin, Wissenschaftliche Leiterin der Internationalen Gesellschaft für Tiefenpsychologie e. V. Von 1997 bis 2001 Rundfunkbeauftragte des Rates der Ev. Kirche in Deutschland, 2002 bis 2006 Sprecherin des Wortes zum Sonntag im *Ersten*. Seit 2001 Professorin an der Abteilung »Christliche Publizistik« der Friedrich-Alexander-Universität Erlangen-Nürnberg. Seit 2009 leitet sie den Masterstudiengang »Medien-Ethik Religion«. Sie ist Mitglied des Bayerischen Ethikrates. Zahlreiche Veröffentlichungen, zuletzt: *Die Seele. Versuch einer Reanimation* (2021), *Leben in der Anderswelt. Ein spiritueller Ratgeber durch das Netz* (2019), *Digitale Theologie. Gott und die Medienrevolution der Gegenwart* (2015).

Walter Homolka
Berlin. Ph.D. King's College London, Ph.D. University of Wales Trinity Saint David, D.H.L. Hebrew Union College – Jewish Institute of Religion New York, ist deutscher Rabbiner, Rektor des Abraham Geiger Kollegs an der Universität Potsdam und Professor für Jüdische Religionsphilosophie der Neuzeit, Schwerpunkt Denominationen und interreligiöser Dialog, an der School of Jewish Theology der Universität Potsdam. Professor Homolka ist Chairman der Leo Baeck Foundation und Mitglied im Gesprächskreis Juden und Christen beim Zentralkomitee der deutschen Katholiken. Er ist Vorsitzender des Ernst Ludwig Ehrlich Studienwerks (ELES) und Vorsitzender des Vorstandes der Union progressiver Juden in Deutschland K.d.ö.R.

Elisabeth Kauder
Stuttgart, Dr. med., Ärztin für Innere Medizin, Psychotherapie, Psychoanalyse, 1. Vorsitzende des C. G. Jung-Instituts Stuttgart, Dozentin, Supervisorin und Lehranalytikerin des Instituts. Präsidentin der NGO German-Doctors. Elisabeth.Kauder@gmx.de

Matthias Morgenroth
München. Dr. theol., evangelischer Theologe und Journalist, Redakteur beim Bayerischen Rundfunk in der Redaktion »Religion und Orientierung«, Dozent an der Friedrich-Alexander-Universität Nürnberg-Erlangen, Autor zahlreicher Kinder-, Jugend- sowie Sachbücher, zuletzt: *Anatomie des Handy-Menschen. Ein Seelen-Selfie* (2020).

Armin Nassehi
München. Prof. Dr. phil., seit 1998 Inhaber des Lehrstuhls für Allgemeine Soziologie und Gesellschaftstheorie an der Ludwig-Maximilians-Universität München, Herausgeber der Kulturzeitschrift *Kursbuch*. Schwerpunkte: soziologische Theorie, Kultursoziologie, politische Soziologie, Medizinsoziologie. Neueste Buchveröffentlichungen: *Unbehagen. Theorie der überforderten Gesellschaft* (2021), *Das große Nein. Eigendynamik und Tragik des gesellschaftlichen Protests* (2020), *Muster. Theorie der digitalen Gesellschaft* (2019), *Gab es 1968? Eine Spurensuche* (2018), *Die letzte Stunde der Wahrheit. Kritik der komplexitätsvergessenen Vernunft* (2018).

Christiane Neuen
Münster. Dr. phil., Lektorin für Psychologie und Lebenshilfe, im Vorstand der C. G. Jung-Gesellschaft Köln e. V., seit 2004 (Mit-)Herausgeberin der Tagungsbände der Internationalen Gesellschaft für Tiefenpsychologie e. V.

Konstantin Rößler
Wörth am Rhein. Dr. med., Arzt für Innere Medizin, tiefenpsychologischer und analytischer Psychotherapeut. 2. Vorsitzender, Lehranalytiker und Supervisor am C. G. Jung-Institut Stuttgart, 1. Vorsitzender der Internationalen Gesellschaft für Tiefenpsychologie e. V., Team- und Fall-Supervisor in der stationären Psychotherapie. Arbeitsschwerpunkte: Aktive Imagination, Analytische Psychologie und Naturwissenschaften, Traum- und Symbolarbeit.

Maike Schult
Marburg. Prof. Dr. phil., Professorin für Praktische Theologie. Promovierte Literatur- und Kulturwissenschaftlerin (Slavistin), habilitierte Theologin. Mitglied der Deutschen Gesellschaft für Pastoralpsychologie (Beraterin, Mitglied der Fort- und Weiterbildungskommission), Mitglied der Deutschen Dostojewskij-Gesellschaft und der International Dostoevsky Society. Arbeitsschwerpunkte: Seelsorge und (Religions-) Psychologie, Literatur als Seelsorge, Empathie und Tabu. Zahlreiche Veröffentlichungen im Bereich Traumaforschung

(Traumaseelsorge, Traumahermeneutik), Theologie und Literatur(-wissenschaft), Homiletik, Praktische Theologie und Zeitgeschichte.
maike.schult@uni-marburg.de

Fulbert Steffensky
Luzern. Studium der katholischen und evangelischen Theologie, 13 Jahre Benediktinermönch in der Abtei Maria Laach, 1969 Übertritt zum Protestantismus, 1975–1998 Professor für Religionspädagogik am Fachbereich Erziehungswissenschaft der Universität Hamburg, Arbeitsschwerpunkt und Veröffentlichungen im Bereich Erziehungswissenschaft, Religionspädagogik und Homiletik.

Wolfgang Teichert
Hamburg. Theologe und Publizist, bis Oktober 2017 Wissenschaftlicher Leiter der Internationalen Gesellschaft für Tiefenpsychologie e. V. Seit 2004 leitet er die Christliche Akademie in Hamburg. Vorher war er 20 Jahre lang Leiter der Evangelischen Akademie Nordelbien. Zehn Jahre lang arbeitete er als Publizist beim Deutschen Allgemeinen Sonntagsblatt. Er ist Lehrbibliodramatiker (GfB) und Ehrenmitglied der IGT.

Bildnachweis

S. 14 Altstädter Kirche, Hofgeismar, 14. Jahrhundert: Gefangennahme Christi, Hofgeismarer Passionsretabel – linker Flügel (Ausschnitt). © Bildarchiv Foto Marburg / Thomas Scheidt.
S. 15 Leonardo da Vinci, Public domain, via Wikimedia Commons. https://commons.wikimedia.org/wiki/File:Juan_en_La_%C3%9Altima _Cena,_de_Leonardo_da_Vinci.jpg, 21.7.2021.
S. 21 Judas mit Spitzbart, den Geldbeutel versteckt im Rücken. Ausschnitt aus: Lucas Cranach d. J.: Das Abendmahl (1565), Epitaph für Joachim I. von Anhalt, St. Johannis-Kirche, Dessau. © Bridgeman Images / Jürgens Osteuropa Photo.
S. 22 Giotto di Bondone, Public domain, via Wikimedia Commons. https://commons.wikimedia.org/wiki/File:Giotto_-_Scrovegni_-_-31-_ -_Kiss_of_Judas.jpg, 21.7.2021.
S. 29 Christus mit dem toten Judas auf dem Rücken: Säulenkapitell in der Kathedrale Sainte-Marie-Madeleine (12. Jahrhundert) im burgundischen Vézelay. © Foto von Jean-Claude Gadreau.